谨以此书

献给那些与故事结缘的师生们

忠诚月的“老区寻根”活动

尊重月的“做学生最好的导师”活动

诚信月的“模拟法庭”活动

责任月的“五四表彰”活动

独立月的“成人仪式”活动

执着月的“寻找校园‘最强大脑’”活动

勇敢月的“砺炼一颗勇敢的心”活动

创新月的“动静结合的科技盛宴”活动

阳光月的“守护绿色地球家园”活动

文明月的“保护小水滴”活动

开放月的“绘图游世界”活动

雅趣月的“最美歌剧”活动

在活动中成长

品质育人中的且行且思

主编　沈　军

编委　牛震云　王华蓓　马玉娟　祝望北　刘荣铁
姜　杉　刘静静　李　喆　左秋洁

河北大学出版社
·保定·

出 版 人：朱文富
责任编辑：韩立霞
装帧设计：赵 谦
责任校对：姚萌萌
责任印制：常 凯

图书在版编目（CIP）数据

在活动中成长 ：品质育人中的且行且思 / 沈军主编
. -- 保定 ：河北大学出版社，2021.9
ISBN 978-7-5666-1906-8

Ⅰ. ①在… Ⅱ. ①沈… Ⅲ. ①德育－教学研究－中学
－北京 Ⅳ. ① G631

中国版本图书馆 CIP 数据核字（2021）第 171599 号

ZAI HUODONG ZHONG CHENGZHANG

出版发行：河北大学出版社
地址：河北省保定市七一东路2666号 邮编：071000
电话：0312-5073003 0312-5073029
网址：www.hbdxcbs.com
邮箱：hbdxcbs818@163.com
印 刷：保定市北方胶印有限公司
幅面尺寸：170 mm × 240 mm
字 数：200千字
印 张：13
版 次：2021年9月第1版
印 次：2021年9月第1次印刷
书 号：ISBN 978-7-5666-1906-8
定 价：60.00 元

序

与故事相伴，与品质同行

北京市八一学校，创建于1947年的烽火年代，诞生在河北阜平革命老区。炮火峥嵘中，她几经辗转，随着解放战争的胜利步伐迁入北京。七十多年来，八一学校传承着红色军魂，铸就着金色品牌，涌动着绿色梦想，以教学相长之心成就特色教育典范；面对未来岁月，以正、严、实、爱之行打造品质人才摇篮。八一学校在七十多年的上下求索中，越来越清晰地指向一个共同的追求，那就是对“品质”义无反顾地捍卫、坚守与践行。在进入教育改革深水区的今天，在迈入教育发展现代化的时代，八一学校鲜明地提出了“品质文化”的顶层设计思想，希望以“品质”的力量推动“社会主义核心价值观”的积极培育，推动“立德树人”工程的有效实施，推动创新实践型人才的卓越培养，推动中国教育高质量发展。

八一学校的育人目标是“造就品德好、品行优、品位高的国际创新人才”，那么品德、品行、品位具体又包括哪些核心因子呢？我们结合中华传统美德、民族精神与时代精神、国内外名校的价值观、八一文化DNA和发展成功要素，最终凝练成品质人才的十二个基因。

品质人才的十二个基因，构成了八一学校的核心价值体系。为了让十二个品质基因真正深入学生的思想、意识和行动中，内化于心，外化于行，学校开展了一月一基因的主题教育活动，让“品质文化”在且思且行中不断得以深化和发展，更让“品质文化”呈现出别样的八一故事。正如顾明远先生所言：“让学生在活动中成长是教育改革方向。活动教育的宗旨是让学生在活动中生动活泼主动地成长。活动教育的内涵是以学生为主体，让学生自主地参加各种活动，让学生在活动中获取知识和智慧、能力和技巧，体悟人生，形成正确的世界观、人生观、价值观，养成高尚的品质和完善的人格。”

“活动育人”是八一学校建校以来始终坚守的教育理念和采取的教育方式，也是古今中外极力推崇的育人形式。在我国，明代思想家、哲学家王阳明提出“知行合一”理论，阐述“知之真切笃实处便是行，行之明觉精察处便是知”的观点。美国实用主义集大成者杜威在20世纪初提出了活动课程理论的思想，阐明了“从做中学”的观点，指出“一切教育都是通过个人参与人类的社会意识而进行的”。这个理论的提出对于整个课程发展史具有革命性的意义。具有辩证唯物主义思想的陶行知先生力推“行知行”思想，即“行动—知识—再行动”，这与马克思主义的“实践—理论—再实践”的实践观是完全一致的。今天，中国教育改革也在人才培养模式上提出了“学思结合、知行统一”的具体要求，在素质培养方面提出了“创新精神、实践能力”的关键要素，北京市更是明确将“中小学各学科平均应有不低于10%的课时用于开展校内外综合实践活动课程”的条文写进学科教学改进意见的文件中，这一切都阐明了“实践育人”的重要性和紧迫性。

（一）全面活动准备

学校专门成立了“十二基因活动推广”领导小组和执行小组。领导小组由我亲自挂帅，成员由领导班子、发展处管理人员构成；执行小组则由外部咨询机构和具体执行活动方案的德育主任、年级组长和班主任构成。小组每个月第三周的一个下午研讨活动方案，第四周的一个下午部署活动方案。

同时确立了十二基因推广要达成的目标：第一，在活动策划方面形成科学的思维和方法；第二，在活动组织与执行方面积累丰富的经验；第三，形成月度活动内容较翔实的活动宣传包；第四，形成具有八一文化特色的系列活动课程。

此外，还确立了点面结合、师生共建的活动组织形式，一般学生参与难度不高的活动，而在初中和高中分别选择一个班作为试点，开展具有一定高度和亮点的特色活动，教师也参与其中。通过以点带面，普及深入，确保活动方案既要想出来，还要做出来，更要做出品质来。

（二）特色活动设计

所谓特色，一是与基因内涵高度关联，二是与当月国际节日和我国传统节日、社会热点、国家大事等紧密结合，三是基于学校原有的特色活动并作提升，四是让试点班自主设计活动，体现独特性。

比如11月是八一学校的“执着月”，即以期中考试作为切入点开展系列学习和阅读活动。2014年11月恰逢中国举办APEC峰会，而诺贝尔奖的发布与颁奖也集中在10月至12月。因此，该年“执着月”的活动专题就设计为“亚太：执着的诺贝尔”，让学生通过寻找参与APEC峰会国家的诺贝尔奖获得者，感受获奖人执着的精神，体悟国家实力背后的科学技术水平，从而砥砺学习意志，树立追赶的强烈愿望。

（三）班子集体研讨

八一学校的组织架构设计已将教育和教学合二为一，初中部校长和高中部校长在参加活动研讨时，能够结合各学部情况对校级、年级和试点班级活动方案提出合理化建议，有效协调德育与教学的关系，让德育融入教学，教学中渗透德育。同时，德育主任、年级组长、试点班的班主任共同参加研讨会，他们边倾听边咨询边建议边记录，在追求活动方案高品质同时，也使方案的制定能够得到有效理解和高效落实。

（四）活动精彩执行

我感到欣喜的是，凡是被选为试点的班级都高度珍惜和重视这个展示的机会。就拿“阳光月”的活动“市花月季进校园”来说，班主任利用班会时间做总动员，全班同学分成若干个小组，有联络组、技术组、种植组、宣传组等。在活动执行中，联络组与市园林局人员进行联络，一方面选择最优的花种，一方面了解栽种和养护的知识。种植组与总务处沟通，一方面在校园挑选适合栽种的地方，一方面争取种植工具的有力支持。我始终认为，有效的活动一定融入了学生的热情与智慧，一定伴随着学生的参与与合作。在“阳光月”的“让鸟儿飞起来”的活动中，当我不经意间走在楼道里，看到走廊里挂着上千只五彩斑斓的千纸鹤，展板上张贴着各种鸟类图片及知识时，真是感到八一学子的万种情感和万千智慧在其中。

（五）形成活动课程

通过三年主题教育活动的不断探索与实践，学校现已基本形成推动品质文化落地、聚焦学生价值观培养的活动课程体系。除了活动课程外，全体教师特别是班主任的手中都多了十二个“活动宣传包”，这里面包括了月度基因的内涵阐释与三级指标体系，月度活动主题确定依据及立意阐释，校级、年级、班级的三级活动策划思路，基因活动方案策划翔实范本，月度基因涉及的国旗下讲话、揭幕词、故事及名言、基因信息橱窗、基因电影及音乐，月度基因活动塑造与培训指导手册，月度基因活动总结，月度基因经典案例及学生感言，月度基因活动涉及的设计文件，包括刀旗、主题背板、班级海报、榜样人物专栏、音乐喷泉广场等。

在此，我们精选了 47 个精彩活动、22 部班级纪实集结成《在活动中成长——品质育人中的且行且思》这本书。它一方面是向每个八一人诉说精彩的八一故事，另一方面是希望给其他学校开展德育活动提供一些参考和借鉴，共同实现活动育人、立德树人的目标。

八一学校历来重视节日文化和活动文化，现如今，这些节日、活动融在“品质文化”中，又获得了全新的生命。在四月的“节水和爱护地球”的活动中拥有“阳光”品格，在五月的表彰会中学会担当“责任”，在八月的世界之旅中开阔“开放”视野，在九月的助教活动和共同成长中懂得“尊重”他人，在十月的科技节上展示“创新”成果，在十二月的艺术节上尽展“雅趣”。在推进立德树人伟大事业的进程中，我希望八一学校能够一马当先，坚定地扛起弘扬中国精神这面大旗；在国家建设人力资源强国的今天，我更希望八一学校能够投身其中，勇敢地担起建筑人格长城这份责任！

北京市八一学校校长　沈军

2016 年 12 月

目　录

❖ 品德篇

❖ 品位篇

品德篇

品德篇

苏霍姆林斯基说：“社会要求学校培养出来的人，不论他从事什么工作，都应该是一个道德高尚的人。”一个人一生的生活是否幸福、平安、有意义，要看他的为人处世是否能道德无亏，能否做社会表率。因此，“立德树人”是学校工作的首位，学校中的任何工作都应当包含道德教育的意义，发挥以德育人的作用。

在反思传统的德育方式的基础上，八一学校努力打破说教式的、封闭式的课堂模式，积极探索灵活多变的教育形式，组织学生走出校园，深入社会，穿越国界，引导学生从事有益于道德提升与身心健康的社会实践活动，发挥活动的育人功能，为学生的品德形成奠定良好的基础。

人的思想道德品质，是在自然的生活中形成的，这是人的德行形成的一个基本规律。秉承“生活即教育”的理念，八一学校的每一位教师都能够与时俱进，精心策划，不断用丰富、生动、贴近生活的实例来充实学生的精神生活，立志为社会培养“品德高”的人才。

第一章　忠诚

关心　热爱　奉献

校长寄语

“天下至德，莫大于忠。”“忠诚”，为什么在八一学校那么备受推崇呢？根源在于八一学校由中国人民解放军创办，而军人最可贵的品质就是“忠诚”。“忠诚”的要害在“绝对”二字，就是唯一的、彻底的、无条件的、不掺任何杂质的、没有任何水分的“忠诚”。

中国传统文化中，“忠、孝、仁、爱、信、义、和、平”被称为新“八德”，“忠”列新“八德”之首。“忠”不仅被看作是个人的“修身之要”，而且被定为“天下之纪纲”“义理之所归”，它的重要性甚至超出生命的价值，如空气和水一样，须臾不可或缺，成为整个人类社会所必需的精神品质。

八一学校提出“忠诚”基因，就是希望每一名学子能够传承军魂，忠诚于党，忠诚于祖国，忠诚于人民，把自己的一生同国家的命运紧密相连，忠贞不渝，报效国家。

忠诚名言

人无忠信，不可立于世。——程颐

言忠信，行笃敬。——《论语》

不宝金玉，而忠信以为宝。——《礼记》

尽心于人曰忠，不欺于己曰信。——司马光

忠诚盛于内，贲于外，形于四海。——《荀子》

忠诚敦厚，人之根基也。——魏裔介

诚，五常（仁、义、礼、智、信）之本，百行之源也。——周敦颐

以家为家，以乡为乡，以国为国，以天下为天下。——《管子·牧民》

我爱我的祖国，爱我的人民，离开了它，离开了他们，我就无法生存，更无法写作。——巴金

我爱中国固因他是我的祖国，而尤因他是有那种可敬爱的文化的国家。——闻一多

我荣幸地以中华民族一员的资格，而成为世界公民。我是中国人民的儿子。我深情地爱着我的祖国和人民。——邓小平

一、走进基因——丹心铸军魂，铁骨赤子心

【忠诚内涵】

忠诚的本质是忠心耿耿，其内涵是关心、热爱和奉献，表现的是一个人知国、爱国和报国的崇高境界，培养的是一个人的洞察力、感染力和贡献力。

忠诚以爱国认知为基础，以爱国情感为导向，以爱国行动为归宿，把爱国认知上升为爱国情感，并转化为爱国行动。忠诚于一个国家就是将自己的命运与国家的命运联系在一起，将自己毕生的精力与中华民族的伟大复兴结合在一起。

忠诚的人是关心国家的人。他们时刻关注国家发生的每一个重大事件，了解国家的发展方向，关心国家的未来命运。

忠诚的人是热爱国家的人。他们时刻维护国家的尊严和荣誉，把党和国家的利益看得高于一切，五星红旗会带给他们莫大的鼓舞。

忠诚的人是奉献国家的人。他们时刻以高昂的激情和斗志投身于中国特色社会主义的建设中，兢兢业业，不求回报。

忠诚的灵魂是爱国，是对北京精神更具象的思考；忠诚的气度是正直，是对道德品质更精准的诠释。只有将忠诚的情感和觉悟化作报国之举，才是一名真正的忠诚者。

八一学校的前身是中国人民解放军晋察冀军区荣臻学校，是一所具有红色传统的学校。“继往开来，开拓无前”的校训表达了创办人聂荣臻元帅以军人勇往直前的意志鞭策八一师生的期望；“思想领先、艰苦奋斗、高度负责、严格要求”的八一精神传承了军人优以争先、俭以养德、严于律己的优秀品格，而这一切都与军人对党、对国家、对人民、对事业绝对的忠诚分不开。

【主题立意】

八一学校将二月设立为“忠诚月”。忠诚月的确立主要源自国际母语日（2 月 21 日）、中国的春节、校庆日（3 月 1 日）、学校军魂节等。忠诚主题旨在借助二月份的节日，让学生们去热爱祖国灿若星河的语言、热爱祖国丰富

多彩的传统文化和节日文化、热爱保家卫国的中国人民解放军、热爱可歌可泣的校史、热爱可敬可亲的师生，拥有军人般忠诚的品质。

学校围绕“忠诚”基因，开展了主题教育活动，三年的活动主题分别为：

第一年度：“知国——强化爱国认知；爱国——培养爱国情感；报国——践行爱国行动。”通过主题活动，让学生学习和了解国家政治、经济、社会、科学技术、生态文明等的发展，形成自己报效国家的整体思路与规划并付诸实践，深刻理解“忠诚”的内涵。本年度重在强调的是爱国教育。每年的1—2月份，从北京市到国家，都会提出新一年发展的热点议题，通过了解这些时政话题，学生对国家未来发展会有一个初步的认知，从而让自己成为一个“两耳多闻窗外事”的中学生。

第二年度：“缅怀聂帅回望辉煌校史，铸就军魂永葆忠诚品质。”通过主题活动，让学生深刻铭记创办人聂荣臻元帅的教育情怀，了解烽火年代艰苦的创校历程，加深对八一学校校史的了解，体悟聂帅永存的军魂，学习他对党、对国家忠诚的品格，进而坚定对母校的忠诚与热爱之心。本年度重在强调的是爱校教育，即通过讲座、观影、采访等多种形式的爱校活动，激发学生的自豪感，并以此为动力迸发“让学校以我为骄傲”的成长热情。

第三年度：“传承传统美德，寻访红色足迹，感受铁血忠魂。”通过主题活动，让学生了解中国近现代史特别是中国革命史和中国共产党历史，浸润革命情怀，弘扬革命精神，培养学生忠诚于党的事业，坚定永远跟党走的理想信念，引导学生积极践行社会主义核心价值观，自觉将个人理想与祖国发展紧密联系起来。本年度重在强调的是爱党教育，让学生对中国共产党领导全国人民进行社会主义建设，实现伟大复兴中国梦有一个更加深刻的认识。

二、演绎基因——忠诚月特色活动

马克思说：“人的生活离不开友谊，但要得到真正的友谊是不容易的；友谊总需要用忠诚去播种，用热情去灌溉，用原则去培养，用谅解去护理。”因此，立足社会之间，行走天地之间，需要的是对人对事的忠诚之心。

八一学校的忠诚活动，高度融入了爱国、爱党、爱家乡、爱英烈、爱社会、爱学校、爱红色经典的主题，让八一学校传统的红色教育更有高度和广度，更有底蕴和内涵！

活动 1：永远的军魂

习近平总书记曾指出，坚决听党指挥是强军之魂，必须毫不动摇坚持党对军队的绝对领导，要求全军和武警部队深入开展军魂教育和理想信念教育。军魂，不仅仅彰显部队官兵的意志品格，也要成为每一个中国人骨子里应具有的钢铁信念，成为每一名八一学子身上最闪亮的精神气概。

“兵者，国之大事，死生之地，存亡之道，不可不查也。”古往今来，每个国家都把国防建设摆在极为重要的位置。学校开展特色鲜明的国防教育，是培养学生崇高军魂的重要途径。在国防教育的熏陶下，学生能够增强国防观念，掌握基本的国防知识，学习必要的军事技能，发扬爱国主义精神，自觉履行国防义务，将伟大的军魂植入心中，激发保卫国家和建设国家的正能量。

八一学校非常重视对学生进行国防教育，将国防教育融入学校文化、融入课程体系、融入校园活动。八一学校是海淀区第一所组织“国防教育进课堂开放日”活动的学校，它在课堂教学中渗透国防教育，让学生全面地学习国防理论教育、国防知识教育、国防技能教育、国防道德情感教育、国防精神教育等相关知识。

每年的 3 月 1 日，是八一学校的建校纪念日。学校将“忠诚”基因与军魂联系在一起，为此特别创建了“军魂节”。在节日期间，班级、年级组织收集、整理、制作和展示中国人民解放军光荣的发展历史和忠诚品质的 PPT、展板等，在校园内营造浓厚的军旅文化，让每个学生铭记党史、军史、校史，增强爱国爱校的情感，拥有中国公民的铮铮铁骨。

党史学习活动——学校会举行党史知识竞赛，让学生了解中国共产党辉煌的发展历程；举行“在党旗下成长”十八岁成人仪式，让学生铭记成人的重要时刻；举行“唱红歌、歌颂党”歌咏比赛，让学生增强对共产党的热爱之情；举行“回顾党的光荣路，难忘当年入党情”党员访谈，让学生体悟优秀党员的爱党情怀。

军史学习活动——学校会组织学生参观军事博物馆、国防基地等社会实践活动，让其感受国家军事成果的壮丽；邀请国防领域、航天航空领域的军事专家到校做汇报，让其了解中国人民解放军所表现出的对党和国防事业的忠诚品格；组织学生观看聂荣臻元帅的影像资料，让其了解八一学校创办人聂帅投身革命、教育和航天事业的伟大情怀。

校史学习活动——学校会在“军魂节”活动期间，向学生广泛普及学校文化、学校校徽、校歌等品牌识别，加深学生对母校的了解；组织学生参观校史馆，观摩学校宣传片，了解学校的发展历程；组织全体师生共同参加校庆展览，让师生参与校庆活动的策划和展演，在 3 月 1 日校庆当天，展示他们的智慧和风采。

八一学子在学习党史、军史、校史的过程中，让红色精神、军魂气概内化于心，成为激励他们树立报国志向的强大动力，成为他们在不断丰实生命的过程中的璀璨北极星！

活动 2：复兴之路

复兴之路不是一条平坦通顺之路，在这条道路上充满了坎坷、艰辛与泥泞。习近平总书记在参观《复兴之路》展览时指出：“大家都在讨论中国梦。我以为，实现中华民族伟大复兴，就是中华民族近代以来最伟大的梦想。”这个梦想，凝聚了几代中国人的夙愿，体现了中华民族和中国人民的整体利益，是每一个中华儿女的共同期盼。

在“忠诚月”，通过“复兴之路”活动，帮助学生们深刻认识近代以来中华民族的强国之梦和不懈探索的历程。

“忠诚月”恰逢寒假期间，是安排学生参与“复兴之路”活动的大好时机。作为寒假的常规安排，学校鼓励学生自行与家长或者小组同学组合，观看大型纪录片《复兴之路》，到国家博物馆参观《复兴之路》的展览，感受国家成长的每一步。随后，让学生根据观看的纪录片和展览，写下自己的真实感受。同时，高中生会结合自己的生涯规划，撰写有关复兴之路的论文。随着对复兴之路的深入了解，同学们将自我命运与国家命运紧紧结合在了一起。

“复兴之路”活动的最大亮点在于采用不同主题下的形式多样的展示和评比形式。展示和评比的六大主题是根据复兴之路的不同时间节点划分的。

主题一为“千年局变”，时间跨度是1840—1911年，中华民族伟大复兴的课题被历史性地提了出来。主题展示以第一次鸦片战争到辛亥革命期间，中国社会各阶层救国图强的各种探索为主要内容。

主题二为“峥嵘岁月”，时间跨度是1912—1949年，中华民族的伟大复兴由此进入新纪元。主题展示以辛亥革命后各种政治力量探索中国道路为线索，重点表现中国共产党从诞生、发展、挫折到壮大、赢得胜利并最终建立新中国。

主题三为“中国新生”，时间跨度是1949—1976年，主题展示以新中国成立后社会主义制度的确立和社会主义工业化取得的重大成绩为核心内容，表现中国共产党独立自主探索国家发展道路的经验和教训。

主题四为“伟大转折”，时间跨度是1976—1992年，中华民族的伟大复兴走上了建设中国特色社会主义的道路。主题展示以思想解放为起点，重点展现改革开放、建设中国特色社会主义的伟大历程。

主题五是“世纪跨越”，时间跨度是1992—2002年，中华民族的伟大复兴开始了为全面建设小康社会的目标而奋斗的新阶段。主题展示以改革开放不断深化、综合国力全面提升、社会主义市场经济体制初步建立为主要内容。

主题六是“继往开来”，时间跨度是2002—2007年，中华民族的伟大复兴站在了新的历史起点上。主题展示以中国在新一届领导集体的带领下，贯彻落实科学发展观、促进社会和谐发展为主要内容。

活动主要有“说、评、展”三种形式。“说”，就是让学生们与老师、同学、家长们分享对“复兴之路”不同主题的看法和见解，并征集大家对于感言的互动反馈。“评”，就是进行《复兴之路》不同主题的论文评选，在全校范围内评选出有深度、有内涵、有思想的论文，让获奖同学进行答辩，并在全校学生面前进行汇报。“展”，就是让学生自由组合成几个小组，每个小组承担“复兴之路”不同主题的资料收集工作，并利用班会时间进行PPT展示。

通过此活动，八一学子深切感受到自己肩上担着振兴中华的神圣使命，体会到我党在历史性选择上起到的决定性作用，认识到党的先进性，同时坚定了为中华民族伟大复兴刻苦学习、不断奋进的高远志向。

活动 3：老区寻根

“迎寒冒暑立山冈，四季葱茏傲碧苍。漫道无华争俏丽，长青更胜一时芳。”这首清代陆惠心《咏松》诗中描写的松树便是八一学校的品牌形象。我们要让在八一学校不断成长的孩子们知道“三品松”的根脉在哪里，“军魂铸人”中的“魂”从哪里来，校徽上的红色何以染成。两千多年前，苏格拉底问世人的三个问题：我们是谁？我们从哪里来？我们要到哪去？这些问题同样适合今天的学生。

带着这些问题，学校开展“老区寻根”活动，带着同学们寻访八一学校之根，让学生了解学校的建校初衷、发展过程、老区孩子的学习与生活情况等，唤起学生对母校发展历程的崇敬之情、忠诚之心。

1947 年 3 月 1 日，聂荣臻元帅在河北省阜平县向阳庄（原名沟槽村）创办了晋察冀军区荣臻子弟学校，也就是今天的八一学校。从此，八一学校与阜平便有了割舍不断的血脉亲情。阜平县基本情况可用“太行山区、革命老区”来概括。“老区寻根”活动，不是娱乐身心的旅游，也不是让学生们随心所欲地走走看看，而是要深入基层，让他们踏着先辈的足迹，探寻八一学校的根脉，怀着感恩的心去回报曾经孕育八一学校的老乡们。

活动第一站，走访阜平县城南庄八一希望小学。

八一小学在向阳庄的旧址有两处。1947 年 3 月荣臻学校创建时，借用了沟槽村老百姓刘昶止家的三间小南房。现在村里的老房子拆除后都盖了新房，这三间小南房仍保留着。另一处当地人称刘家大北院，遗憾的是已于 2009 年拆除。同学们为老区的孩子们颁发奖学金，捐赠图书、文具等学习用品以及衣物等生活用品，将自己亲手准备的礼物送给孩子们，并与他们聊天、唱歌，鼓励他们努力学习，用知识改变命运。这里是八一学校真正的根源，师生共同参观了校舍，聆听当地农民的讲解，在追根溯源中了解了母校的红色历史与文化。

阜平自然资源丰富，是河北省农副产品出口基地县，农副产品种类多，产量大。阜平大枣驰名中外，年产上亿斤，以大枣为原料的深加工产品发展到 8 大系列 30 多个品种。生物和地理老师借助阜平寻根活动，开展了学科实践活动，为学生设定了“通过实地走访和调查，解密阜平盛产大枣的原因”的研究课题，让学生们通过调查大枣生长的自然条件以及阜平县自然地理特征，了解阜平大枣的生长环境，明白“一方水土一方特产”，独特的环境造就独有的土特产品的乡土文化，以激发同学们对祖国多元地理文化的探究欲望和热爱之情。

活动第二站，参观晋察冀边区革命纪念馆。

晋察冀边区革命纪念馆位于阜平县城南 20 公里处的城南庄镇。那里完整地保留着当年晋察冀军区司令部和毛泽东等中央领导同志的旧居。晋察冀边区革命纪念馆分为展览区、室外雕塑区和后山旧址区。旧址区有两重院落，前院矗立着晋察冀军区司令员聂荣臻的铜像，气势恢宏。院中栽有桧柏、银杏和榕树，鸟儿在树枝间啾鸣，不失清静和幽雅。后院是晋察冀军区司令部旧址，包括三排二十一间土坯房，其中有毛泽东、周恩来、任弼时等中央领导同志的宿办室，还有军区作战科、电话室和会议室。

这是晋察冀军区司令部在河北唯一完整保留的机关旧址以及毛主席进京之前唯一完整保留的居住旧址，原址原貌，原汁原味，给同学们留下了深刻的印象，让同学们了解了晋察冀军区战士为国家浴血奋战、无畏捐躯的行为，铭记了八一、阜平，乃至中国血染山河的历史。

活动最后一站，参观唐县白求恩柯棣华纪念馆。

白求恩柯棣华纪念馆，位于唐县县城北钟鸣山下。馆内有白求恩、柯棣华两个展厅。参观展厅前，我们先带领学生们走近这两位伟大的人物。

抗日战争全面爆发后，白求恩受加拿大共产党和美国共产党的派遣，于 1938 年初，率加、美援华医疗队，远渡重洋，来到中国，帮助抗日，与晋察冀军民同甘苦，共患难，以崇高的国际主义精神和真正共产主义者的态度，把自己的一切奉献给了人类最壮丽的事业。

同样，抗日战争全面爆发后，柯棣华志愿报名参加印度援华医疗队，远涉重洋，来华援助抗战。在晋察冀边区，他和当地人民亲如一家，为老百姓疗伤治病，从不收取报酬，被人们亲切地称为“老柯”，也被边区军民誉为“第二个白求恩”。

在参观过程中，同学们时而驻足倾听，时而专心凝视，对两位伟大的国际共产主义战士寄托了无限哀思，也深深感受到他们对共产主义事业的忠诚之心。为了表达崇敬之情，同学们亲手制作了白花，献给了伟大的战士。

通过老区寻根之行，同学们切实感受到了老区孩子们的纯朴和真诚，内心受到了很大的触动，立志将来为老区和老区的孩子们做些事情，帮助他们圆梦。不仅如此，那些令人感动的捐赠活动，也让同学们从心底体会到现在生活的来之不易。“老区寻根”活动让八一学子的心中埋下了关于忠诚的铮铮誓言：关心八一小学，心系老区，因为我们同是八一人；关心国家大事，心系祖国，因为我们都是中国人！

活动 4：走访红色后代

在纪念抗战胜利 70 周年阅兵当天，有许多让人崇敬的身影出现在阅兵式观礼台上，其中包括荣获纪念章的抗战老战士、抗战将领和为中国抗战胜利做出贡献的国际友人或其遗属代表等，他们向国人传递出了崇高的革命精神与爱国精神，是现代青少年应该传承的精神风貌。

《关于培育和践行社会主义核心价值观的意见》指出：开展革命传统教育，加强对革命传统文化时代价值的阐发，发扬党领导人民在革命、建设、改革中形成的优良传统，弘扬民族精神和时代精神。学校在立德树人过程中，革命传统教育必不可少。八一学校的发展血脉中带有革命的印记。这所在战火中诞生的学校具有光荣的革命传统，为新中国培养出了一批又一批的优秀人才。

在一届届的八一学子中，有一类人，他们身上流淌着先辈的血液，用他们经久不息的光和热温暖着别人，传递出蓬勃的人格力量，他们共同的身份就是——红色后代。八一学校的校友中，有不少红色后代，聂力、罗箭、粟戎生、杨东明、范晓光、刘太行、许延滨、马国超等。

八一学校鼓励孩子们走进这些校友的生活，通过校友专访感受他们的人格魅力。由于这些红色校友身份特殊，在采访之前，同学们着实做了一番准备，而其中最重要的就是设计访谈提纲。经过多次研讨，最终确定了以下几个方面，以寻找这些红色校友对相同问题的不同看法，并且体悟其中的深层次精神内涵。

方面一：请红色校友对个人及其革命亲属做简要介绍；

方面二：请红色校友谈谈革命亲属的红色人生之路；

方面三：请红色校友谈谈革命亲属在自己心目中的形象；

方面四：请红色校友谈谈心目中最难忘和值得骄傲的一件事；

方面五：请红色校友谈谈革命亲属对自己成长的意义；

方面六：请红色校友谈谈现代青少年应该学习革命先烈的哪些精神。

明确了访谈大纲后，同学们对访谈任务变得胸有成竹。听着这些杰出校友对于这些问题的深入分享，同学们似乎接受了一场精神和心灵的洗礼。在校友们回忆的牵引下，同学们的思绪仿佛回到了那个战火纷飞的年代，真切地感受到了革命先烈对于祖国的那份忠诚之情。

这些校友成长在红色精神的照耀下，身体里流淌着革命先辈的血液，他们对于父辈的感情，既有感性的牵挂，又有理性的景仰，而这种种情愫，成为激励他们成长的强大力量。

八一学校创始人聂荣臻元帅之女聂力，话语中流露出对父亲的无限怀念之情："我常常梦见父亲：在他居住了 43 年的老院子里，他坐在那辆旧了的轮椅上，把自己置身于明丽的阳光下；他微笑着望我一眼，一言不发，而后，他微微抬起头来，深邃的目光望向湛蓝的苍穹。在他 1992 年去世以后，不知有多少次，我梦中的父亲就是这样一个姿势……"

罗瑞卿的长子、解放军总装备部后勤部原副政委罗箭将军，则用一个姿势，刻画了父亲对祖国的忠诚之心："父亲只要坐车经过天安门广场，总要司机减慢车速，艰难地从座位上起身，朝城楼上的毛泽东画像恭恭敬敬地行个军礼。这不是演戏，是他发自内心的敬意。"

同学们聆听着革命先辈的革命故事，内心受到了真切的触动，感受到了那些忠诚志士的革命情怀和革命精神，激励自己继承先烈的光荣革命传统，在感受红色精神的过程中，培养自身的忠诚品格。

活动 5：红色经典大观园

"红色经典"是什么？说起"红色"，人们自然会想起血与火，那是与革命相关的颜色，而“经典”一词则有典范性、权威性和长盛不衰的意思。广义的“红色经典”通常指成功表现革命斗争生活的文学艺术作品，包括诗歌、散文、小说、歌曲、戏剧等。红色经典文化通过艺术的表现形式，记录一个时代的变迁、一批革命人的理想、一批建设者的成就。

“红色经典”寓意着革命先烈的崇高品德。他们坚定的理想信念、可歌可泣的英雄事迹，对当今的青少年有很大的启迪作用，是进行世界观、人生观、价值观教育的生动教材。

八一学校以红色经典艺术作品为内容，将美术作品鉴赏、革命歌曲传唱、励志故事宣讲和经典好书分享等形式结合起来，开展了丰富多彩的校园文化活动。其中，开展“红色经典大观园”活动，让同学们重温经典、重铸军魂，继承优良的革命传统，弘扬伟大的民族精神，做一个有益于国家和人民的人。

（1）红色经典歌曲

同学们学唱不同历史时期的革命歌曲：全世界无产阶级的战歌《国际歌》、军民鱼水深情的颂歌《十送红军》、中华民族的正气之歌《保卫黄河》、热爱祖国山河的赞歌《我的祖国》。同学们在旋律与节奏中，感受革命时代的风云变幻，接受革命精神的熏陶，树立正确的价值观。

（2）红色经典诗词

同学们欣赏毛泽东、周恩来、朱德等革命先辈不同时期的诗词，品味红色诗词隽永的语言和深邃的思想，感受伟人的博大情怀，接受美的教育和高尚情操的熏陶。

（3）红色经典散文

同学们阅读回忆录《山高水长——回忆父亲聂荣臻》，了解我校创建者聂荣臻元帅的革命经历；结合毛泽东的“老三篇”，深刻理解革命者崇高精神的内涵；学习方志敏、朱德和陶铸的散文，感受“真豪杰”的爱国之情、亲情友情和做人的高风亮节。

（4）红色经典戏曲

同学们欣赏五个革命现代京剧的片段，体会戏曲独特的艺术美，了解贫苦大众的苦难，感受革命者的人格魅力。

（5）红色经典剧目

同学们观看《龙须沟》《茶馆》《霓虹灯下的哨兵》等红色经典话剧，在新旧社会的对比中，认识历史发展的客观规律，热爱社会主义制度，珍惜现在的幸福生活。

学校还积极利用校友资源、家长资源以及其他社会资源，邀请国内顶级院团来校表演。如邀请中国国家京剧院来校演出现代京剧《红灯记》、歌剧《党的女儿》，邀请中国煤矿文工团来校演出《红色经典朗诵演唱会》，邀请中央芭蕾舞团来校演出《红色娘子军》，邀请中国交响乐团来校合唱团演出《黄河大合唱》等。

这些红色剧目的展演，给学校营造了浓重的红色文化，红色剧目中具有忠诚精神的榜样人物不断震撼到学生的心扉，给学生带来了一场营养丰富的精神盛宴。

（6）红色经典小说

同学们学习两部战争小说《红旗谱》《林海雪原》和两部反映社会巨变的小说《山乡巨变》《创业史》，认识革命战争的特点、性质和规律，体会社会巨变的剧痛和对未来的深刻影响，感受英雄形象的魅力；学习两部长篇小说：中国革命者的斗争史——《红岩》、中国知识分子的成长史——杨沫的《青春之歌》；学习三篇短篇小说：革命和战争主题中人性温馨的牧歌——《荷花淀》《百合花》《小二黑结婚》，在宏大的革命背景中认识渺小个人的成长、命运和情感，感受人性温馨美好的一面。

（7）苏俄红色经典

同学们学习革命浪潮中的新人成长——《钢铁是怎样炼成的》、风云变幻中的个人命运——《静静的顿河》、残酷战争中的人性之美——《这里的黎明静悄悄》，了解外国革命波澜壮阔的历史，在比较文学的视野下认识红色经典艺术作品的最高境界是政治性和艺术性的完美结合。

“红色经典”，是新中国成立前后几代人的记忆和情感，是“十七年文学”的中流砥柱。通过一系列的红色经典学习活动，引导学生们对以下问题进行探讨：

问题一：红色经典是什么？为什么要学习红色经典？

问题二："恶搞经典"和"抗日神剧"引发了你什么思考？

问题三：红色经典里的人物形象给你留下什么印象？

问题四：在你眼里什么人是英雄？他们有什么精神品质？

在对这些问题进行探究的过程中，同学们对红色经典背后传递的文化精髓有了更深入的认识。一幅优秀的美术作品、一首优美的歌曲、一段优雅的舞蹈、一部激情四溢的文学著作，不仅是作者个人情绪的表达，不仅是对某个片断的记录，更是对一段历史的见证。在活动中，同学们不仅对红色精神有了全方位的认识，还渐渐将这种精神融入自己的内在品格中，激发出昂扬向上的能量。

活动 6：追寻红色赶考路

寓教于红色旅游，是让学生接受革命传统和爱国主义教育的一个切实有效的举措。它有助于人们感受中国共产党艰苦卓绝、波澜壮阔的奋斗历程。

京津冀三地地缘相接、人缘相亲、地域一体、文化一脉，历史渊源深厚，交往半径相宜，旅游资源丰富，是学校开展红色旅游的首选地。2015 年 6 月，中共中央、国务院印发《京津冀协同发展规划纲要》。国家把京津冀协同发展列为国家战略，目的就是要打造中国的新增长点，并有序疏解北京非首都功能。可见，京津冀三地发展前景令人期待。

学校在"忠诚月"特别为学生设计了京津冀红色旅游经典路线：新中国从这里走来——红色赶考路。

这条路线即：平山西柏坡中共中央旧址—保定阜平城南庄晋察冀军区司令部旧址—保定唐县白求恩柯棣华纪念馆—涿州三义小学—北京香山双清别墅。

我们试图通过一个个红色景点，让同学们明白为何从西柏坡到北京被称为"红色赶考之路"。

西柏坡，一个散发着光芒的名字。

中共中央从陕北转移到西柏坡之前，来到了阜平县晋察冀军区司令部驻地城南庄，在这里居住了 35 天。阜平县城南庄晋察冀军区司令部旧址纪念馆的很多文物再现着当年的场景。

革命圣地平山县西柏坡，虽只有一些平房、一些展室，但那里对新中国的建立意义非凡。党中央在那里指挥三大战役，取得了解放战争的决定性胜利；在那里召开的七届二中全会描绘了新中国的美好蓝图；在那里提出的“两个务必”作为中国共产党党员必须保持的工作作风。毛主席一直以李自成的故事教育大家要戒骄戒躁，他把去北京风趣地比喻为“进京赶考”。

1949 年 3 月 23 日一早，中共中央离开西柏坡，老一辈革命家的“红色赶考”之旅开始了。在北上的路上看到道边都是妇女、老人和孩子在种地，毛主席感叹道：“为了战争的胜利，农民们付出了多么大的代价啊！如果没有广大人民群众的积极支援，我们要想取得胜利是不可能的。”当天晚上中共中央入住唐县淑闾村村民李大明家。现在离那里不远的地方建起了白求恩柯棣华纪念馆，以纪念这两位为中国人民解放事业而牺牲的外国友人。

1949 年 3 月 24 日傍晚，中共中央领导到达涿县，留宿的大院现在是涿州三义小学的校园。伴着朗朗的读书声，同学们深深领会到，新中国的建立也是为了让千千万万劳苦大众的孩子可以有学上、有书念。

1949 年 3 月 25 日凌晨，毛主席坐上了开往北京的火车。晚上，毛主席下榻香山南坡的双清别墅。就是在这里，1949 年 4 月 21 日，毛主席和朱德总司令发出了向全国进军的命令；就是在这里，中共中央制定了新中国建设的根本方针。双清别墅见证了老一辈无产阶级革命家的雄才大略，那里也是“红色赶考”路上的第一个考点，老一辈革命家在这里留下了满意的答卷。

一条“红色赶考”路走下来，历史细节仿佛纷纷活了起来。同学们重温那些著名的历史事件，深深感受到了老一辈无产阶级革命家对新中国诞生做出的贡献，体会到了新中国的来之不易，将中国共产党和中国人民的奋斗足迹深深地铭刻在了心坎里，增加了热爱党、热爱祖国、热爱社会主义的情感。

三、感悟基因——忠诚月班级纪实

在不同年代，人们赋予忠诚不同的含义，但其本质始终没有变化，那就是对祖国的忠心，对长辈的忠孝，对家庭的忠贞，对朋友的忠义，对工作的忠实。通过参与忠诚月活动，很多班级用心记录下整个活动历程。班级里发生的一幕幕画面，正是八一学子对忠诚基因的深度思考和真切演绎，点点滴滴中流露出学生们对忠诚品德的理解，并在领悟中将忠诚这一重要的品德内化在灵魂之中。

高二 2 班：重温聂帅的心路历程

【精彩拾贝】

聂荣臻同志是我国杰出的、忠诚的无产阶级革命家，是中国人民解放军的缔造者之一。八一学校的前身为聂荣臻元帅在晋察冀军区创办的荣臻学校。新中国成立后，时任华北军区政治部副主任张致祥向聂荣臻元帅建议更名为八一学校。作为八一学校的学子，我们应当饮水思源，积极参与“荣臻实践周”活动，重温聂帅的心路历程，感悟聂帅对党和国家高度忠诚的一颗红心。

不同时代的英雄人物有着不同的时代情怀，只有深入透彻全面地了解聂荣臻同志，才能切身体会他的内心活动和博大胸怀。为此，学校开展了“学聂荣臻品德、走聂荣臻道路、创聂荣臻业绩、做聂荣臻传人”大型教育活动，在活动中培养我们坚毅进取的优秀品质和忠诚爱国的伟大情感。

我们高二 2 班是“聂帅传人”班级，在活动执行过程中，理应发挥出更大的能量，为其他班级做出表率作用，将荣臻精神的精髓渗透到活动的每个环节中。

要想了解聂荣臻，首先要收集丰富的有关聂帅的资料。为此，我们将班里的同学分成了三个小组，每个小组利用寒假的时间，负责收集和整理聂帅的资料，形成“聂帅的军旅心路”“聂帅的教育心路”“聂帅的航天心路”三个板块，让学生对聂帅的人生轨迹有一个比较完整的了解。

开学后，各组同学对收集的资料进行进一步的归类和整合，并且制作了“荣臻展”电子视频和实物展板，其中包括聂帅的思想、聂帅的品德、聂帅的心路、聂帅的诗句、聂帅的功绩等。电子视频在电子屏滚动播放，实物展板在荣臻堂展出，让全校师生参观浏览。

参与了整个活动后，我们“聂帅传人”班级的同学对聂荣臻同志的心路历程有了较深的理解与感悟。“荣臻展”结束后，我们把江津中学、张家口六中、酒泉东风中学等全国五地六校开展聂荣臻元帅纪念活动的相关文字、图片资料进行整理，放到网上供同学们学习，并且开展“荣臻研学论坛”，让全校的同学就聂帅的忠诚品格进行交流与探讨。

【真情流露】

在整个活动过程中，我们一次次被聂帅的忠诚精神所打动，在思想上受到了极大的鞭策与震撼，并且真切地感受到振兴中华民族的历史使命任重而道远。聂帅忠诚于祖国的可贵精神，增强了同学们自强不息、甘于奉献的信念，让我们对忠诚品质有了更深的理解，找到了行动的榜样。

在重温了聂帅的心路历程后，我们更加为身为“聂帅传人”班级中的一员感到无限光荣和自豪，日后的一言一行，我们都要对得起这个响亮的班级称号，将聂荣臻元帅的忠诚品格发扬光大。

学子感言

那颗闪耀的衷心

——G2015 届 2 班　王锦

“神舟十号”天地之间的太空教学，“嫦娥三号”携带中国第一台月球车的奔月，让中国这个迅速发展的科技强国受到万众瞩目。然而此时，酒泉卫星发射中心的创建者，却长眠在辽远浩渺的戈壁滩，他，就是聂荣臻元帅。陪伴他的还有为我国国防科技事业献出生命的六百多位烈士，他，并不寂寞。

在他的墓前，挺立着一束束沙枣花和胡杨枝。胡杨啊，沙漠的精灵，活着一千年不死，死了一千年不倒，倒了一千年不烂。那一株株胡杨，在沙漠中挺立，向前来祭奠的人们倾诉聂荣臻元帅身上那永生不灭的军魂。那军魂，不是凭借坚船利炮，在所到之处建立殖民地，残害手无寸铁、渴望和平的无辜百姓；不是居心叵测之徒鼓吹的“中国威胁论”；更不是穷兵黩武的霸权主义。恰恰相反，它是仁爱，是坚持，更是一个赤子对祖国、对人民的无限忠诚。

它是仁爱。百团大战时，聂帅在晋察冀军区救起了两位日本小姑娘，日军投炸弹时把她们的父母炸死了。在司令部，聂帅拿过一个梨子，亲手削好，递到那名叫美穗子的姑娘手中。之后，聂帅让前方同志把姐妹送回日本，还写了一封信，信的结尾写道："我八路军本国际主义之精神，至仁至义，有始有终，必当为中华民族之生存与人类之永久和平而奋斗到底，必当与野蛮横暴之日阀血战到底。深望君等幡然觉醒，与中国士兵人民齐心合力，共谋解放，则日本幸甚，中国亦幸甚。"苟能制侵陵，岂在多杀伤。这便是仁爱。中国的军魂，绝不是烧杀淫掠，制造惨案，欺负无辜的百姓。相反，它当仁不让，对弱者怀有一份怜悯，但对跳梁的侵略者绝不手下留情。

它是坚持。"两弹一星"的故事已广为人知，我们慨叹中国国防科技水平发展迅速的时候，却往往忽视了这其中的艰辛。1960 年，中苏关系破裂，苏联撤走了在中国核工业系统工作的所有专家。屋漏偏逢连夜雨，中国此时又恰逢三年困难时期，由于食品供应不上，许多一线的科学家吃不饱，出现了色盲、浮肿等症状。此时，有人认为："现在连肚子都吃不饱，还搞什么'两弹'？"聂荣臻意识到问题的严重性，在不久之后的国防工业委员会会议上，他激励每个人说："我们已经有了一定的基础，应该继续下去，如果我们这样一耽误，再接下去就很困难。"为了让每个人放心，他还签发了《导弹、原子弹应该坚持攻关的报告》，报告得到中央高层的赞同，给每个人吃了一颗定心丸。他以自己的名义向军区募捐粮食和副食，保证科学家的营养和身体健康。作为募捐发起者，他自己却没有分一两肉。人心齐，泰山移。1964 年 10 月 16 日，中国第一颗原子弹爆炸试验成功。在仅仅两年零八个月后的一个清晨，中国第一颗氢弹也在预定高度爆炸。

它是忠诚。为什么在战火纷飞的年代，聂帅能够用仁爱代替杀戮和侵略，用正义驱散邪恶？为什么在艰苦卓绝的条件下，聂帅能够坚持下来，吃尽所有的苦，扛下所有的责任，用他瘦弱的身躯为"两弹一星"保驾护航，使中国自强于世界之林？这些都源于他有着一颗对祖国、对人民无比忠诚的心！我们发问："何为忠？何为诚？"聂帅的行动已经完美地解答了这些问题。"忠诚"或许只是两个字，但在聂帅身上却能体味到无限的深意。这两个字像一声巨响，让我们的心重重一颤。

军魂铸人，我们决不能只做在沙漠中祭奠胡杨的人，我们要继承，要发扬，要让忠诚的血液流遍我们的全身。

聂帅之于我们，绝不仅仅只是建校人那么简单，对于现在的我们，他更是一种灵魂和精神。在这个中华民族伟大复兴的时代里，仍然残存着一些不和谐的音符，黑暗时不时会浸染我们的心房。外来文化的入侵使我们迷茫，繁重的升学压力使我们怠惰。八一的学子可以追溯学校的历史：为生存而流血，为自由而奋斗，为发展而努力。聂帅赐予我们的是令人肃然起敬的忠诚，我们对于时下的中国和未来的中国，还有理由不抱有更大的希望吗？现在或许有阻力，然而中华民族的“寄意寒星荃不察，我以我血荐轩辕”的气魄始终在我们的血液中，等待着我们去践行。聂帅已经做了先驱，我们作为聂帅的传人，还敢迷茫，还敢怠惰，还敢踌躇不前吗？我们要继承，要发扬，让这忠诚的血液代代传承，永远沸腾！

第二章　尊重

自尊　感恩　关爱

校长寄语

学校的教育是让学生在求知的同时学会做人，而如何做人，首要的品质就是“尊重”。纵览国际名校的价值观，“尊重”是核心的品质之一。尊重不仅体现在尊重他人，也体现在尊重自我；不仅体现在对人、对各种生命的尊重，也体现在对知识、对自然环境的尊重。

荀子有言：“仁者必敬人。”孟子也说道：“爱人者，人恒爱之；敬人者，人恒敬之。”尊重是一种具有反弹和回馈属性的优秀品质，尊重他人的同时，也会收获他人的尊重。尊重，首先是一种态度，是尊敬和重视对方，把对方放在重要的位置上；其次是一种行动，是理解与欣赏对方，流露发自内心的真情和实感。

八一学校提出“尊重”基因，就是希望每一名八一学子能够将这一品质的精髓植入生命的灵魂中，从在校懂得尊重老师、尊重同学做起，渐渐地学会尊重每一个生命，尊重每一寸土地。

尊重名言

爱人者，人恒爱之；敬人者，人恒敬之。——《孟子》

己所不欲，勿施于人。——《论语》

自尊不是轻人，自信不是自满，独立不是孤立。——徐特立

施与人，但不要使对方有受施的感觉；帮助人，但给予对方最高的尊重。这是助人的艺术，也是仁爱的情操。——刘墉

谁自重，谁就会得到尊重。——巴尔扎克

自尊自爱，作为一种力求完善的动力，是一切伟大事业的渊源。——屠格涅夫

尊重别人，才能让人尊敬。——笛卡尔

一、走进基因——莘莘学子意，浓浓师长情

【尊重内涵】

尊重的本意是敬重，其内涵是自尊、感恩与关爱的统一。自尊是尊重的前提，是做人的起点，是培养自我认知的能力；感恩是尊重的基础，是做人的支点，是培养欣赏他人的能力；关爱是尊重的本质，是做人的极点，是培养换位思考的能力。

尊重是一抹阳光，融化了人与人之间的坚冰；尊重是一缕春风，吹开了人与人之间的心扉；尊重是一泓清泉，填满了人与人之间的沟壑。

尊重的内涵体现出层层递进的逻辑关系。首先要懂得自尊，要有自我抱负，要能自我认可，要会自我爱护。其次是学会感恩，要在得到别人的帮助时懂得回报的道理，滴水之恩当涌泉相报。最后是懂得关爱，主动地奉献爱心，用爱营造和谐的人文环境。

尊重包含丰富的内容：尊重国家、尊重学校、尊重班级是一名中学生应有的思想境界；尊重父母，尊重长辈、尊重老师是一名中学生应有的道德情感；尊重他人、尊重同学、尊重生命是一名中学生应有的为人美德；尊重科学、尊重知识、尊重劳动、尊重和平是一名中学生应有的人文修养。

【主题立意】

八一学校将九月设立为“尊重月”。尊重月的确立主要源自新学期开学、中国抗日战争胜利纪念日（9月3日）、教师节（9月10日）、国际臭氧层保护日（9月16日）、国际和平日（9月21日）、国际聋人日（9月的第四个星期日）、学校运动会等。尊重主题旨在借助九月里的几个重要节日，让学生做到新学年对自我成长的尊重、对全体教职员工的尊重、对国家争取民族独立和领土完整的尊重、对国际社会来之不易的和平成果的尊重、对体育竞技规则和对手的尊重等。

学校围绕“尊重”基因，开展了主题教育活动，三年的活动主题分别为：

第一年度：“八一学校品质年金秋开启，尊重主题宣传月激情绽放；尊师

助教活动全面开展，品质人才基因全心砺炼。”作为塑造品质基因的首年首月，尊重月主题的启动，正式拉开了十二品质基因塑造的序幕。通过主题活动，全体师生引发了对品质基因的强烈关注与深度思考，进而形成基因养成的文化自觉。尊重月的创设，就是希望在校园内营造尊师重教的人文氛围，让学生通过体验教师教学与管理工作的辛劳，拥有感恩之心；让学生从自我表现和管理过程中获得自尊。本年度重在强调的是学生尊重意识的培养，使其知晓尊重是一个人非常重要的品格。

第二年度：“尊师助教怀学子感恩之心，学业指导抒师长关爱之情。”通过主题活动，在师生之间传达尊重的情意，学生通过做一些教师们日常的工作感受教师的辛苦，教师通过开展新学期的学业规划指导让学生感受到学校的关怀。真正尊重学生主体地位，让学生的成长得到高度的重视，也取得巨大的进步。本年度重在强调的是师生间相互尊重的人文情感，并在这种情感之下建立起新型的师生关系。

第三年度：“弦歌不辍，薪火相继；桃李不言，下自成蹊。”通过主题活动，让学生了解教育界校友的心路历程，分享这些校友的母校情节、求学经历、工作感受、成功经验以及人生感悟，在感受校友人格魅力的同时，也收获满满。通过与校友促膝而谈，八一学校的学生传承学校的光荣传统，学习校友的人格精神，立志成为对国家、对社会有用的品质人才。本年度重在强调的是学生与校友之间浓浓的尊重情意，是找寻尊重在八一学校发展的根源，也是在丰富和发展尊重的时代性。

二、演绎基因——尊重月特色活动

屠格涅夫说：“自尊自爱，作为一种力求完善的动力，是一切伟大事业的渊源。”因此，尊重的起点是尊重自我，是对自我人生的肯定与完善，进而推及他人，推及众物。

八一学校的尊重活动，不仅引导学生尊重自己、关爱他人，更教会学生感恩生活、回馈社会。如何让活动更具教育性？教师们认为，只有获得来自被尊重的切身体验，才能够真正学会尊重他人。因此，我们要尊重学生，让尊重的气息萦绕在每个刚刚踏入新校园的同学身边，让尊重的基因浸润着每个学生的生命，更让尊重的风尚影响到整个社会。

活动 7：我与学长面对面

学长学姐对学弟学妹的关爱与帮扶，体现了同伴相处过程中的尊重态度。让同学们体会同伴之间的尊重之情，是深刻理解尊重基因的有效方式。

九月是新生入学的日子，学校开展“我与学长面对面”活动，针对低年级学生提出的各方面问题，高年级学生与学弟学妹进行面对面的交流和沟通，对他们进行心理疏导和学业引导，为他们提供对人生新起点的建议，让同学们感受到成长路上有尊重相随，有友谊陪伴，在享受被尊重的同时学会尊重他人。

“我与学长面对面”活动主要分为三个环节：征集问题、招募学长与现场答疑。

第一环节：征集问题

九月份，新初一和新高一年级的学生因为刚刚入学，在参加完军训后，对初中生活和高中生活还没有完全适应，心中存在诸多困惑，为了了解低年级学生的心理状态，学校特别要求初一、高一的班主任组织学生利用“头脑风暴法”针对军训和开学两周以来在新学习环境适应上存在的问题或困惑进行列举。随后，班主任将同学们反映的所有问题进行归类总结，梳理出具有代表性的问题提交年级组。之后，年级组会将各班梳理出的代表性问题进行再次梳理总结，选出主要问题。

第二环节：招募学长

重点问题征集完毕后，学长学姐们就该出场了。带着这些问题，高年级的班主任会向本班的全体学生发出“招募令”，为每一项问题都找到对应的学长进行研究与探讨，寻找解答对策。学长们通常会利用“鱼骨图”方法针对这些问题进行分析，列出所有可能的原因，并针对这些原因提出应对的策略与解决措施。

第三环节：现场答疑

一对一、面对面交流的方式更能够清晰透彻地解答学弟学妹的困惑，为此，学校专门在九月份开展“我与学长面对面”活动，总时间为 60 分钟。学弟学妹与学长学姐各自派出 12 名代表，采用的形式是低年级学生代表与高年级学生代表面对面坐好，每一组正对面的同学进行 5 分钟的交流，时间到后，高年级的学生代表错一个位置，与对面的学弟学妹继续交流，这样，每个人可以同时面对 12 个人，高年级同学最大限度地面向各种问题与疑惑，低年级同学则获取了中肯的解决方案。

在“我与学长面对面”活动中，高年级学生与低年级学生针对课程学习、心理困惑、校园生活、社团活动等多方面问题进行了交流与分享。同时，很多时候高年级学生还会主动传授一些学弟学妹没有预见的相关话题，让低年级同学能够更加全面地尽快了解即将开始的学习生活。在活动中，他们用会心的微笑、耐心的话语、贴心的关怀，营造了一个友爱的交流天地。在这个过程中，学生体会到了相互尊重的情谊。

活动 8：做学生最好的导师

对教师而言，热爱尊重学生是教育教学的立足点，没有热爱和尊重，就没有和谐温暖的教育。在这个特别强调师生平等的时代，越来越呼唤导师型教师的出现，能够帮助学生科学合理地、有建设性地进行生涯规划。

老师与学生的和谐关系，基于互相尊重的态度。八一学校在尊重月特别开展“做学生最好的导师”活动，让教师以平等的态度与学生交流。导师既可以是班主任，也可以是任课老师，每位导师辅导的学生人数为 8—10 人。

要成为学生最好的导师，不仅要认真做好学科教学，还要对责任范围内的学生进行思想引导、心理疏导、生活指导和学习辅导。导师工作主要有引导学生树立远大理想，确立正确的世界观、人生观；关心学生的身心健康，及时做好学生的心理疏导和健康指导；与其他任课教师、家长及时沟通，形成有利于学生健康成长的合力。概括地说，导师在工作中自觉承担起了三种角色——像父母，在生活上体贴关怀；做良师，在学习、品德、心理等方面鼓励指导；成益友，与学生进行民主平等的思想交流。

导师的确立是双向的，导师可以选择自己要辅导的学生，学生也可以选择自己喜欢的导师，兼顾双方意见之后最终确立导师。导师首先要开展学生情况分析与调研工作，通过与学生谈心、与家长沟通等方式，分析学生的优缺点、强弱项。导师每周至少要与辅导的学生进行一次面对面交流，并将交流的内容填写到“导师工作记录表”中。每次期中、期末统考后，学校印发“导师与学生互动交流表”，学生把自己的学习困惑、需要导师帮助解决的问题填写到互动表上。导师在一周内与学生交流，并帮助学生切实解决问题。同时，学校在节假日印发“导师与家长互动表”，把学生的学习、生活情况以及取得的进步及时汇报给家长，并广泛听取家长意见和要求。

为了打通学生与导师平等交流的通道，学期初，学校教导处统一发放“倾诉卡”，每个学生领取一张，每张倾诉卡可谈心十次，用完可以向教导处申领。学生凭“倾诉卡”可以与任何一位导师在空余时间进行心理咨询，谈心交流，诉说烦恼。谈心时间半小时左右，而且导师不能无故拒绝。

除了对学生进行心理辅导，在学业辅导方面，导师也发挥着极大的作用。导师会对学生制定的学业规划进行辅导。在学业规划指导方面，各位导师对各年级学生的辅导方向如下：

年级	辅导方向
初一	了解自身特点和志向等，制定初中三年的学业发展规划
初二	评估前一年的学业发展情况，有针对性地调整后两年的学业方案
初三	学业方向指导，明确学业路线，包括专业、学校、志愿选择等
高一	了解自身特点和发展目标，制定高中三年的学业发展规划
高二	评估前一年的学业发展情况，有针对性地调整后两年的学业方案
高三	生涯方向指导，明确发展路线，制定大学学业规划、职业规划等

导师进行辅导后的学业规划，将成为制定教学计划的重要参考。班级汇总学生学业规划并制定班级教学计划；年级汇总班级教学计划并制定年级教学计划；初中部、高中部汇总年级教学计划并制定初中部、高中部教学计划。学生个人学业规划制定后，需要层层汇总，学校可以从大数据中看到班级学业、年级学业、初中部、高中部和国际部学业的发展走势和改进方向。

同学们从导师帮助自己剖析问题到倾诉心灵困惑的过程中，感受到了导师们如父母般耐心、和蔼的关切之情；从导师帮助自己进行学业规划辅导的过程中，感受到了导师如朋友般真诚、平等的友善之心。在彼此了解、彼此沟通的过程中，同学们将老师们身上所散发出的“尊重”品格化作了理念与行动，也懂得去尊重他人，让每个人都浸润在爱的海洋中。

三、感悟基因——尊重月班级纪实

在八一学校，尊重是一种优良的传统，教师之间尊重专业、尊重发展；师生之间互敬互爱、教学相长；学生之间平等相待、互帮互学。每当教师节来临，学生们都迫不及待地表达自己对老师的崇敬之情，这种难忘恩师的行动已不仅仅表现为一张张温馨的卡片，如今，它的内涵已然渐渐地丰富起来，生发出了许许多多助教助管的感人故事。

高二 10 班：让尊师助教蔚然成风

【精彩拾贝】

尊重，是中华民族的优良传统和美德，是中学生品德教育的核心要素，是八一学子培养优秀品德的重要基因。9 月 10 日，是一年一度的教师节，莘莘学子会以自己独特的方式表达对老师的感激之情。懂得感恩，学会感谢，它不仅是一种礼仪，更是一种健康的心态、一种做人的境界，也是社会进步、现代文明的体现。

每逢尊重月，学校都会开展“尊师助教”活动，让我们争当老师的助手，亲身体验教师教学和管理工作中的点点滴滴，体会老师的辛苦，表达对老师的感恩之心，同时锻炼我们收集整理、判断、组织协调、沟通、表达、管理等能力。

我们高二 10 班积极响应这一活动，班委们第一时间行动起来，先是面向全班学生招聘学生助教组、助管团。同学们接到招聘令后，都争先恐后地报名参加。随后，班委会根据应聘学生的优势学科和兴趣特长，确定各个学科的助教组和助管团人选，并向他们颁发聘书，确定聘用期限及聘用职责。受聘学生主要负责的工作包括：帮助教师进行课前组织，收集课程资料，批阅作业，了解管理内容，开展管理工作，处理管理工作中出现的问题，等等。

最后，我们为每个学科的老师都配备了助教组，帮助老师开展力所能及的工作。比如，“爱智慧组（政治助教组）”利用午休时间统计作业错题，统计出错误最多的题目以便老师上课进行讲解；开展“集中问题问老师”的活动，将大家的问题汇总起来向老师请教。“盖乃书化组（语文助教组）”按时收发作业，讨论制定周记题目，完成课前对新闻的短暂一瞥。“菲菲组（物理助教组）”根据文科班特点，组织学习较好的同学为学习较弱的同学进行一对一的讲解，从而提高全班整体水平……

同学们在担任助教工作的过程中，与老师进行紧密配合。在办公室里，随时能看到为了帮助老师批改作业放弃午休的同学们，那一张张认真的面孔，流露出对老师的无限敬爱之情。每当遇到问题时，同学们会积极向老师们请教，老师们也会耐心地引导同学找到解决问题的办法，渐渐地，师生间建立了很好的默契感。

“尊师助教”活动结束时，参与该活动的同学们会向班内其他同学进行成果展示：每个人进行一次 10 分钟的课堂教学片断展示，点评一次批阅的学生作业情况，进行一次管理思路和方法创新的展示等。

【真情流露】

在“尊师助教”的活动中，学生们真正体会到了教师工作的艰辛，感受到了老师们管理的辛苦。同时，大家也用行动诠释了“尊师”，切实做到了“助教”。

当各个学科的老师走进教室的那一刹那，看到整洁的讲堂、干净的教室、面带微笑的学生们，便能感受到学生对自己的尊重。学校是我们步入社会前的小天地，我们要想今后在社会中很好地与人相处，受人尊重，就要从学会尊重老师开始，用一颗真诚的心去对待我们敬爱的老师，感恩他们对我们的耐心教导、无私关爱。

学子感言

尊重默默无闻的校工们

——C2015 届 13 班 高滑喆

走进八一校园，瞬间吸引你的可能是那水木清华的园林、窗明几净的教学楼、如梦如幻的林荫小道……你可能不会注意到，总有那么一群人无时无刻不在用自己的微薄之力守护着八一校园，把八一校园当作自己的家一般用心经营。

刚入八一之初，我并没有注意到这群默默付出的人——校工。有时在校园内偶尔注意到他们，也只是觉得他们再普通不过，甚至有时我会觉得，他们的出现破坏了校园的和谐安宁。

渐渐地，我发现在校园里到处都能见到他们的身影。每天早上，那一米绚丽的朝阳都由他们迎接，迎接来的是一天的和谐与平静；每天晚上那一缕清幽的月光仍由他们迎接，为的是照亮我们回家的路。在教学楼内，他们仍任劳任怨地清洁楼内的每一个角落，全然是为了给我们营造一个良好的学习环境。在花园里，婀娜多姿的植物由他们每天浇水施肥、精选培育，他们只希望用自己的微薄之力来装点校园，使我们在紧张学习的同时能够拥有一个令人静心享受的乐园。

他们在为我们创造美好环境的同时，其实也无时无刻不在思念自己远在他乡的孩子。然而，为了生存，他们必须承受这思念的痛苦，继续在城市中辛勤地工作。他们的孩子可能也和我们一样正值舞勺之年，却不能如我们一般感受父母的关怀。

他们既平凡又特别。平凡在他们做着最基层的工作，过着普通的生活；特别在他们做着很多人不屑的工作，并且还付出了很多的辛苦与汗水。

八一学校为了造就品德好、品行优、品位高的国际创新人才，在全校倡导“十二人才基因”，其中一个基因就是“尊重”。是啊，我们应该尊重他们的劳动成果，尊重他们对我们的呵护与他们为自己家庭与生活打拼的那份信念。我们要对他们为我们所做的一切心怀感恩，不随手乱丢垃圾，不乱踩草坪。

关注校工，关注我们身边每一个平凡而又特别的人，多一些尊重，多一些感恩，相信我们的八一会更加和谐美丽。

第三章　诚信

求真　务实　守信

校长寄语

“诚者，天之道也；思诚者，人之道也。”“诚信”，是中华民族的传统美德，是社会主义核心价值观的构成要素之一。“诚信”，是一个社会信任有加和事业有成的道德根基，是国家与国家之间合作共赢和协同发展的理念基础。

孔子把“信”与“仁、义、礼、智”并列为“五常”。孟子将诚、信结合在一起，提出道德修养论。程朱理学把“诚”推到了道德本体论和哲学本体论的绝对化巅峰。千百年来，中华民族视“诚信”为立身之本，虽历经时代变迁，却始终拥有不朽的生命力，并形成了一个民族“诚信体系”的道德价值观念和道德行为标准。

八一学校提出“诚信”基因，就是希望每一名八一学子能够以诚挚之心，行信义之事，实事求是，信守承诺，形成高尚的人格力量，成为诚信的品质公民，在未来的人生道路上，时刻拿诚信这把“戒尺”去丈量自己，丈量社会。

诚信名言

言不信者，行不果。——墨子

诚信者，天下之结也。——墨子

诚者，天之道也；思诚者，人之道也。——孟子

人背信则名不达。——刘向

内不欺己，外不欺人。——弘一大师

祸莫大于无信。——傅玄

惟诚可以破天下之伪，惟实可以破天下之虚。——蔡锷。

人之所助者，信也。——《周易》

丈夫一言许人，千金不易。——《资治通鉴》

虚伪的真诚，比魔鬼更可怕。——泰戈尔

走正直诚实的生活道路，定会有一个问心无愧的归宿。——高尔基

一、走进基因——以真诚之心，行信义之事

【诚信内涵】

诚信的本质是兑现承诺，言必行、行必果是一个人是否具有诚信品质的外在体现。诚信是由发自内心的求真出发，继而做到行为上的务实与守信。诚信是培养一个人崇尚科学的逻辑判断力、脚踏实地的有效执行力以及全力以赴的履约原动力。

诚信的人是求真的人。求真是一种精神，要求我们去不断认识事物的本质，把握事物的规律。

诚信的人是务实的人。务实是一种行为，要求我们在规律性认识的指导下，脚踏实地地去作为、去实践。

诚信的人是守信的人。守信是一种态度，要求我们言必行、行必果，强调人与人之间真诚相待。

对待求知，我们去伪存真；对待做事，我们脚踏实地；对待他人，我们诚实守信。我们要砺炼诚信的基因，做一个真以求知，实以做事，诚以待人，信以养正的八一学子。

诚信是实事求是，不说谎，不虚假，言行一致，表里如一。诚信是中华民族的魂，在国家倡导的社会主义核心价值观中，诚信的美德被传承与弘扬。作为华夏礼仪之邦，诚信成为高尚道德的尺度。诚信者，人必敬重。正是基于民族精神的传扬，八一学校为每个学生设置了诚信档案，建立了个人诚信体系，希望诚信永远陪伴着他们，在他们走向社会之时，以诚信的品质去经营事业、经营人生。

【主题立意】

八一学校将六月设立为“诚信月”。诚信月的确立主要源自学校期终考试、国际奥林匹克日（6 月 23 日）、联合国宪章日（6 月 26 日）等。诚信主题旨在借助六月的几个重要节日，让学生以诚信面对考试，了解在奥林匹克运动会上运动员诚信品格的重要性，知晓作为联合国的成员必须信守联合国

总章程，维护联合国基本大法的权威性与严肃性，由此懂得作为一名公民，要遵守国家法律法规，要信守契约，做诚实守信的人。

学校围绕“诚信”基因，开展了主题教育活动，三年的活动主题分别为：

第一年度：“真以求知，实以做事，诚以待人，信以养正。”通过主题活动，让学生重新认知求真知的精神主旨，重新理解务实的现实意义，重新审视真诚的时代价值，深化对“诚信”内涵的感悟，形成诚信品格，由内而外地实现自我修炼与完善，做求真、务实、守信的学子。本年度重在让学生了解诚信学习的基本要求，崇尚“做真学问”。

第二年度：“意诚于心，心必真，意必实；行胜于言，言必行、行必果。”通过主题活动，让学生懂得言必行、行必果，怀有一颗真挚的心，拥有可靠的言辞，将承诺体现在行动上，将承诺体现在最终的结果上，深刻理解诚信作为公民价值准则的重要性。检验一个人的诚信不是看他如何说，而是看他如何做，行动是检验诚信的唯一标准。本年度重在让学生了解诚信做人的基本要求，崇尚“做真人”。

第三年度：“懂规则、明法纪、守契约——从小事做起，做诚信公民。”通过主题活动，积极响应国家提出的法制教育进校园的要求，加强青少年的规则意识和自律意识，增强他们的法制观念和契约精神，让学生们心中能够时刻装着诚信，做讲诚实、守信用的规矩人。在依法治国、依法治校的大背景下，作为学生，也应该用法治武装自己，懂得“无规矩不成方圆”的道理。本年度重在让学生了解诚信守法的基本要求，崇尚“做守法公民”。

二、演绎基因——诚信月特色活动

裴多菲说：“我宁愿以诚挚获得一百名敌人的攻击，也不愿以伪善获得十个朋友的赞扬。”诚信会给人带来心灵上的安宁和精神上的富有，这就是一名诚信之人的高尚追求，这是做人的原则和尺度，宁可因诚信受到众人误解，也不愿因虚伪赢得众人簇拥。

八一学校的诚信活动，有效结合了诚信考试、精准管理、公正执法、信守法规等主题，让八一学校“正”和“实”的校风得到弘扬，让每个学生把诚信的品质深深融入血液中、骨髓里，以个人的诚信带动集体的诚信、家庭的诚信，乃至社会的诚信。

活动 9：诚信档案，人生财富

人无信不立，国无信不强。诚实守信是中华民族的传统美德，是华夏民族最崇尚的品质，已传承数千年。诚信之风早已融入我们民族文化的血液，成为文化基因中不可或缺的元素。重视诚信教化是我国古代教育的优良传统之一，这一传统在大力加强公民道德建设、倡导诚实守信的今天，仍值得继承和发扬。

在中国古代文化中，对诚信有很多解读与诠释：

君子不失足于人，不失色于人，不失口于人。——《礼记》

诚者，君子之所守也，而政事之本也。——《荀子·不苟》

失信不立。——《左传》

信，国之宝也，民之所庇也。——《左传》

不宝金玉，而忠信以为宝。——《礼记》

随着“诚信”被列入社会主义核心价值观体系，我国更加注重对学生诚信精神的培养。《关于在各级各类学校推动培育和践行社会主义核心价值观长效机制建设的意见》强调，要对学生的失信行为加大约束和惩戒力度，构建各学段有机衔接的信用约束机制，分层推进诚信档案建设。

诚信是学生的重要品德，八一学校在诚信月开展“诚信档案”活动，以提升学生的诚信意识。我们组织各个班级对于“诚信档案”应该包括的内容进行研讨，并对研讨结果进行分类，形成具体指标，个性化地策划和设计了“八一学校学生诚信档案”和“班级诚信档案”。

在“八一学校学生诚信档案”上，学生诚信细则被分为学校部分、家庭部分、其他部分三大块，共 30 条，内容涵盖了学生的思想、学习、生活的方方面面。诚信档案一式三份，一份存学校，一份交至学生法定监护人，一份交给学生本人。经三方签字后，学生自愿接受各方对本人诚信的监督，其中既包括学校领导对班级的监督、班主任和其他任课老师的管理以及学生的自我监督；也包括法定监护人对子女在家庭信用中的监督，以及社区居委会对学生作为小公民的行为监督。

“八一学校学生诚信档案”将学生在三年（或六年）中的个人基本情况、守纪或违纪情况、获奖或受处分情况、品行说明等在校全部表现记录在档案里，这些先进事迹、违反纪律或法规的行为的记录直接对学生参与评优、学生干部竞选、保送、推优等的资格起到奖励或限制作用。档案数据会汇总为“班级诚信档案”，作为班级参与各项评比的重要依据。

学校建立“诚信档案”更多的是从规范和教育的角度出发，通过明确奖罚机制，从个人和班级两个层面激励学生形成诚信的行为方式，在提高其诚信意识的同时，为其终身累积诚信财富。另外，学校会出具详尽的由学校盖章的诚信证明，为优秀学生在升学、出国的竞争中提供保障和帮助。

活动 10：三员自主下的精准管理

在品质文化晖煜的映托下，2012 年 9 月 14 日，八一学校的学生三员自主管理委员会应运而生。该委员会是根据学校全员德育和学校品质文化中十二人才基因落地的指示精神，由总务处具体指导和全程服务，以学生为主体的学生自主管理机构。会员来自全校各班公物管理员、健康卫生管理员和安全管理员。

我们将学生三员自主管理委员会的宗旨确立为：“积淀优秀文化基因，共同创造品质生活。”三员自主管理就是让学生自我管理，让他们感觉到班级资产就是“我们班的财产”，学生就是班级的主人，给学生一种归属感，让学生觉得自己是主人并且以学校为骄傲。通过三员自主管理，学生讲文明、守纪律、爱公物、重健康、保安全的良好行为习惯得到培养。健康卫生、安全防范、爱护公物的意识逐步增强，逐步形成自我服务、自我管理、自我监督的学生自主管理模式。

三员自主管理委员会在学校主要负责公物、安全、卫生三方面的自主管理工作。

（1）公物自主管理

在三员指导委员会老师们的精心指导下，三员自主管理的同学们顺利展开了公物管理、公物宣传、公物报评等各项活动。通过对各班公物的日查、周报、月评等检查评比活动，学生们爱护公物的意识不断增强，破坏公物的行为受到了约束。在全校公物大检查中，初三年级公物完好率100%，初二年级、高一年级各班的公物完好率都在95%以上，其他年级的公物破坏率都有不同程度的降低。

三员自主管理委员会的同学们付出了辛勤的努力，特别是会长和分会长，他们引领了各班管理员的工作，使三员自主管理不断走向成熟。三员自主管理委员会会长杜洋同学，总是以饱满的热情携领委员会的同学们，积极组织协调各种事项。副会长王雪楠、分会长代雯华同学开动脑子，积极献策，提出了不少合理化建议，提高了检查和管理效率。副会长王寅凯同学是初二6班的学生，不仅使检查细化、量化，还认真思考学生破坏公物的心理探因，多次组织了初二和初一年级的联合公物检查。

（2）安全自主管理

2011年，国务院食品安全委员会办公室确定每年6月的第三周为“食品安全宣传周”。海淀区政府也要求在学校组织好食品安全教育活动，通过搭建多种交流平台，以多种形式、多个角度、多条途径，面向社会公众，以食品安全为主题开展科学知识普及、风险交流等活动，达到树立健康饮食理念，提升消费信心，提高食品安全意识和科学应对风险的能力。《国务院关于加强食品安全工作的决定》也将食品安全纳入公益性的宣传范围，列入国民素质教育内容和中小学相关课程，通过加大宣传教育力度，努力营造“人人关心食品安全、人人维护食品安全”的良好社会氛围。

食品安全关系到我们每个人的生存质量，品质人生也需要从关注食品安全做起。针对同学们的饮食安全问题，三员自主管理委员会向全校同学提出倡议：

一、加强食品安全方面的知识素养，努力掌握食品安全的相关知识，提升食品安全的防范意识。

二、不吃“无生产厂家”“无生产日期”“无保质期”“无食品生产许可”“无食品标签”的“五无食品”，不吃“垃圾食品”，不吃地摊食品。

三、关注食品安全的相关网站，不购买已经列入黑名单的食品。

四、食品安全，人人有责。既要有防范安全意识，也要有举报违反食品安全的法律意识，学会用法律的武器维护自身利益，用科学知识增强我们的防范能力。让我们人人关注食品安全，宣传食品安全，用行动创造我们的品质生活。

（3）卫生自主管理

三员自主委员会为了规范学校的卫生要求，特别提出了室内外卫生自主管理要求，让同学们能够遵守要求，在爱护学校环境的过程中体悟诚信内涵。室内外卫生要求具体如下：

清扫时间：每天坚持两清扫，早读、午练前打扫教室及区域卫生，养成打扫卫生的好习惯。

清扫方法：教室地面、楼道、楼梯清扫干净后要用干湿适宜的拖把拖一遍，拖把用完后涮净控水以待下次使用。学会使用小抹布擦拭桌面、墙壁、楼梯扶手、窗台、台阶两侧等处。

教室卫生要求：五净、四齐。五净：教室及走廊地面要打扫干净，无口香糖残迹；多媒体讲台、书橱干净整齐；黑板及时擦干净；桌面桌洞干净，无杂物，无刀痕、划痕；门框、墙壁、窗台、玻璃要擦干净；垃圾桶内的垃圾要倒干净。四齐：课桌椅摆放整齐；教室各种张贴物悬挂整齐；卫生工具摆放有序整齐；课桌上的书本整齐摆在桌面内上角。

卫生区卫生要求：卫生区无果皮纸屑等杂物，无口香糖残迹。

走廊楼梯卫生要求：扶手及瓷砖、窗台应光亮、无灰尘、无蜘蛛网。

走廊文化：班级名片、橱窗、宣传版面保护好，无破损。

八一学校的品质文化，最终要体现在学生个体的品质行为中，让我们从爱护自己身边的公共财物做起，从注重食品安全做起，从珍爱自己的学校环境做起。“不积跬步，无以至千里；不积小流，无以成江海。”善小而为，小恶不做，点滴积累，定会不断成就品质人生。

活动 11：模拟法庭

培育现代诚信观念是在全社会弘扬社会主义法治精神，建设社会主义法治文化的重要伦理基础。青少年正处于人生成长发展和价值观念形成的关键时期，在这一时期有针对性地开展法治宣传教育，增强他们的法治观念，培养他们的法治意识，对于促进青少年健康成长、预防青少年违法犯罪以及推动社会主义法治建设具有重要意义。

法律是社会道德的最底线，是社会公平正义的最后一道屏障。维护社会公平和正义是包括律师与法官、检察官在内的所有法律职业的共同职责与使命。曾有人说："法官是国家法律的化身，是社会正义和良知的象征。"一句话道出了"人民法官"在老百姓心目中的理想形象，神圣而又崇高。

为了让更多的学生知法、懂法，了解法庭构建和开庭程序，八一学校在诚信月会举办"模拟法庭"活动。其目的就是引导学生探索学习法律知识与解决实际法律问题相结合，增强法治教育的实践性。

在"模拟法庭"活动中，审判长、审判员、原告、被告及公诉人、代理人等所有角色均由学生担任，同学们积极配合，精诚合作，在紧张的学习生活中高效、出色地完成了剧本编写、角色分派、材料准备、模拟演练、服装准备等一系列活动。

整个模拟法庭活动，分为三个步骤进行：

第一步：选取模拟案件。由思想品德任课教师选取一例有关青少年诚信问题犯罪的案件，交由试点班学生排练，为学生进行案例介绍和解析。

第二步：排练模拟案件。根据确定的模拟案件，试点班学生开始进行案件排练，选出原告、被告、审判长、审判员、法警等相关角色，对案件进行重现。同时，准备模拟法庭开庭的相关投影设备、人证物证等。

第三步：模拟法庭开庭。试点班的学生进行模拟法庭的开庭展演。庭审过程包括开庭、法庭调查、举证质证、法庭辩论、被告人最后陈述、休庭宣判等六个环节，完全按照正式的审判过程进行，融知识性、教育性、警示性于一体，使学生亲身感受到法律的严肃性，明白实施违法犯罪必受法律制裁的道理。

通过开展模拟法庭活动，学生们进一步了解和熟悉了法律法规知识，将法规知识牢记于心，懂规则、守法纪，遵循比赛规则、学校规则、社会规则等各项规则，遵守国家法律，不做违法乱纪之事，共同建设诚信社会。

活动 12：法规大讲堂

近年来，由于各种消极因素和不良环境的影响，我国青少年犯罪现象日渐突出。在推进依法治国，建设社会主义法治国家的进程中，加强对青少年学生的法治教育，促进青少年学生的健康成长，已成为当务之急。

青少年正处在生理和心理生长发育的关键阶段，也是思想道德品质形成的关键时期。为培养青少年高尚的思想道德品质，八一学校特别将法治教育作为重中之重，开展“法规大讲堂”活动，对学生进行法治宣传教育，增强他们的法治观念，培养他们的法治意识。

法规大讲堂的演讲者有学生、校友、家长、专家、法律工作者等，他们通过为学生介绍法律法规常识，畅谈发生在身边的法律故事，让学生学法、知法、懂法、守法。

“法规大讲堂”活动，主要有三个环节：

第一环节：法律启蒙教育。

各班级会邀请学生、家长、法律工作者等为全校学生重点普及《宪法》《国旗法》《道路交通安全法》《治安管理处罚法》《传染病防治法》等与学生学习、生活密切相关的法律基本常识，从小养成遵纪守法的良好习惯。

第二环节：法律研讨活动。

各班结合班级实际情况，召开主题班会，围绕《未成年人保护法》《教育法》《环境保护法》《交通法》等法规，展开广泛的学习讨论活动，激发学生学法、用法的积极性，充分认识学法、知法、守法的重要性。

第三环节：法律报告会。

学校邀请法律专家、法律工作人员、派出所民警等举办“法律进学校”报告会，组织开展“法规大讲堂”法治教育活动。同时，组织学生到法院、检察院等参观考察，观看图片展览、电影教育片，参加实践活动等，以法律实例来教育学生。通过联系实际，以案释法，以法论事，告诫同学们必须引以为戒，增强法治观念，增强法律意识，积极学法、知法、用法，加强自我教育，注重道德养成。

随着对法律常识越来越深入的了解，青少年渐渐树立起自我保护和知法守法的意识。“法规大讲堂”活动对同学们形成正确的人生观和价值观起到了较好的引导作用，让同学们懂得从我做起，从小做起，坚决抵制不良行为和违法犯罪行为，学会正确应对不法侵害，争做有法治观念的首都公民。

三、感悟基因——诚信月班级纪实

诚信，是人与人交往的基础，也是未来八一学子走向社会不可或缺的品质之一。八一学校试点班的学生们，将诚信的理念转化为切实的行动，真真正正地从学习生活的环境整治抓起，从老师办公的环境净化做起，从校园生态的环境营造干起，立志做诚信好公民，将诚信进行到底！

高一 8 班：久公益

【精彩拾贝】

做公益是一份持久的事业，用自己力所能及的力量去造福需要帮助的人，这其中付出要比所得多很多。奇怪的是，付出得越多，心灵却越开阔，越满足。这，就是公益的魅力所在。

我校将 6 月 19 日设定为八一学校的“久公益日”，取谐音“路要久”，号召同学们将公益之路一直走下去。为迎接这个意义非凡的节日，我们高一八班在责任月开展了以“三大公益主题”为线索的系列活动，并为活动起了一个响亮的名字：公益之路要长久——6・19 我们的久公益日。

主题一：旧衣物，暖人心

每年的责任月，我们班级都会与微爱社团共同开展“旧衣物，暖人心”活动。同学们将自己穿旧、穿小的衣服整理干净，亲手打包好，寄给青海、西藏、贵州等地区孤儿院的孩子们。每逢这个时候，同学们都拎着大包小包赶去邮局，写下地址，进行捐赠。在一年一年的坚持中，同学们真切感受到了“赠人玫瑰，手留余香”的温暖，体会到了“久公益”给成长带来的力量。

主题二：感师恩，爱清洁

在学校，老师为我们付出了辛勤的劳动，我们要懂得感恩，为老师服务。

我们号召同学们定期志愿给老师打扫办公室卫生，给老师营造一个良好的工作环境。活动中，同学们分工明确，有的负责打水，有的负责扫地，有的负责整理书桌，还有的负责擦桌椅书柜……同学们在不懈的坚持过程中，体会到了为他人服务的快乐。

主题三：学长情，支教路

几年前，学长发现了韩家川的文华学校。那里，没有空调和暖气，没有敞亮的教室，没有可以游玩的操场，有的只是一片空地、一层平房和已经破损的桌椅。学长看到孩子们在这样艰苦的环境下学习，便下定决心要用自己的努力来帮助他们，为此专门成立了“支教队”。无论天气炎热还是寒冷，他们都坚持在每个周六天刚亮时起床，跨越大半个城区来到简陋的教室里给孩子们辅导英语。高一8班的同学被学长们坚持不懈做公益的精神深深打动了，我们沿着学长的公益之路，开启了给文华学校的孩子们辅导英语的征程，希望通过持续做这项有价值的公益活动，让更多的八一学子们敞开公益之心，有耐心、有恒心地帮助我们能帮助的人。

不同的主题，相同的内涵。在“久公益”活动开展过程中，我们高一8班的同学们不仅仅将公益之心付诸实际行动，更明白了公益之行不是靠一次两次的热情，而是需要不断坚持、不断传承的精神，需要发自内心的真情实感，只有不断创造公益之举，才能够让公益之心真正地开出幸福的花朵，在帮助别人的同时快乐自己。

【真情流露】

做一次公益活动并不难，难的是将一项公益活动长久地坚持下去。我们的生活中充满着浮躁，而公益服务能够净化我们的内心，让我们踏实下来，认真办事；同时能够让我们在为人处世上多一些宽容，少一点抱怨，从而让我们更真挚地爱身边的人，爱我们生活的这个世界。

6·19，路要久，我们要将公益之心传递下去，将公益之行延续下去，让“久公益日”成为八一学校最富有温情、最体现诚信的节日，为社会中更多的人贡献出我们的服务之心、关爱之情。

初一 10 班：重拾爱护公物的诚信

【精彩拾贝】

诚信是中华民族的魂，在国家倡导的社会主义核心价值观中，诚信的美德被传承与弘扬。诚信既是社会主义核心价值观之一，又是八一学校的品质基因之一，更是衡量一个人道德品质的核心。

我们生存于世，要诚信待己、诚信待人、诚信待物。学校的一桌一椅、一砖一瓦、一花一草，都值得我们用心呵护、“温柔”对待。我们初一 10 班的同学，积极响应学校诚信月倡导，自发组织开展了“做诚信好公民——爱护公物”的主题班会活动。

班会活动一开始，两位主持人走上讲台通过对话引出本次班会的主题，然后展示了一组校园优美环境的图片，同学们很快进入了状态，开始品味起校园优美的环境和人文的气息。突然主持人话锋一转，展示了一组校园不和谐一面的图片，大家的心情骤然降到低谷，引发了短暂的讨论。

接着，小品《关你什么事》上演了，它让所有的同学明白，或许只是一个不经意的举动，就会破坏公物，失去对班级的诚信，也让同学们知道，公共设施是社会生活不可分割的重要组成部分，学校的储物柜、多媒体、课桌椅等都属于公共设施，是公共财产，它们保证了所有同学能够在学校正常学习和生活。作为学生，应该爱护它们，并自觉抵制人为损坏公共财物的不文明行为。而接下来的微电影《柜子风波》让同学们意识到，破坏公物是不道德的，要对公物存有保护之心。

之后，主持人为同学们分析了前一段时间做的“身边公物知多少”的问卷调查，让每个同学都觉得保护和爱护公物是自己责无旁贷的责任，是没有任何推辞理由的一门必修课。

最后，在班级宣传委员的带领下，同学们齐声朗读了“爱护身边公物”的倡议书：爱护公物，从我做起，挪动桌椅，小心翼翼，开门开窗，轻手轻脚；爱护公物，从小事做起，不要在雪白的墙上蹬踏留迹，不向洗漱间或窗外乱扔杂物；无人不开电灯，随手关灯，节约每一度电；拧紧水龙头，节约每一滴水；拾起地上的纸屑，保持环境卫生。

【真情流露】

诚信无形，却可以经天纬地；诚信无色，却可以耀人眼目；诚信无味，却可以在上下五千年、纵横海内外散发出醇厚的芬芳。无形、无色、无味的诚信有着撼人心魄的力量。

虽然是简单的班会形式，但是此活动却带给同学们触目惊心的震撼。当看到学校公物被损坏的画面时，同学们的内心似乎也在流血，对诚信待物有了更深入的思考。在“爱护身边公物”的倡议中，同学们表示以后会积极投入到保护公物的行列里来，以身作则，为我们的八一校园增添一份美丽，让八一学子所到之处都完美地呈现“品质”！

学子感言

意诚于心，行胜于言

——G2016 届 8 班　曲　铭

“仁、义、礼、智、信”是我国儒家文化的核心思想。曾子为了兑现妻子对儿子的哄言而杀猪，秦国商鞅立木为信。自古以来，诚信是我们在社会生活中为人处世、人际交往的道德底线。

然而，随着社会经济的发展，背弃诚信的新闻事件一次次刺痛着我们的心。我们不禁想问：谁偷走了我们的诚信？

这其中的根源，有利益的驱动，有制度的疏漏，有社会风气的影响。也许我们一时还不能解决所有问题，但是我们相信，处在转型期的中国正在努力完善各方面的制度。制度关键在于人的执行，风气的养成也需要每一个人的努力。现在的我们还没有能力去改变社会，但是我们可以先做好自己，提高自己的修养，不被一时的诱惑蒙蔽双眼。即便一个人的力量有限，但只要从小做起，从个人做起，就能一点点地去影响周围的人，从而改变社会不良风气。这也是时代对我们的呼唤。

诚信乃立身之本。我们从小就被教导不能说谎，不能做欺诈他人或是不信守承诺的事情。其实诚信不仅仅是个人对他人的守信，更多的还是对规则的尊重，对自己言出必行的要求。

就拿我们身边的一些小事情来举例。很多同学会觉得，自己抄作业、迟到并没有妨碍别人，都是一些无伤大雅的问题。然而，我们处在一个集体中，一言一行都会对他人产生影响。独立完成作业，是我们对老师的诚信；遵守时间约定，是我们对其他所有成员的尊重；按时完成计划是我们对自己的诚信，也是对自我约束力的考验。缺乏自我约束力的训练，久而久之，执行力就会越来越差，影响个人的发展。

诚信作为社会主义核心价值体系中的价值观之一，从公民价值准则的角度提出了更高的要求。让我们每个人都能够诚意于心，行胜于言，做一名具有诚信品质的时代新人。

第四章　责任

担当　尽心　坚守

校长寄语

“天下兴亡，匹夫有责。”“责任”不仅是在承担应尽的义务，更是在抒发奉献的情怀。在“思想领先、艰苦奋斗、高度负责、严格要求”的十六字八一精神中，“高度负责”是“责任”的体现，这是一个代代相传的传统，是八一全体师生的真实写照。

中国人历来把“天下为公”“克己奉公”作为价值坐标。古人还倡导“责己严，待人宽”的原则。“责任”已然成为中华传统文化中重要的价值观念，即使是在当下，培养年轻一代的“社会责任”已经成为教育界的普遍共识与核心主张。

八一学校提出“责任”基因，就是希望每一名八一学子肩负“先天下之忧而忧，后天下之乐而乐”的责任感，心怀“修身齐家治国平天下”的使命感，懂得为自己的成长负责、为他人的幸福负责、为国家的发展负责、为人类的和谐负责。

责任名言

天下兴亡，匹夫有责。——顾炎武

人生须知负责任的苦处，才能知道尽责任的乐趣。——梁启超

苟利国家生死以，岂因祸福避趋之。——林则徐

真正进步的人决不以“孤独”“进步”为已足，必须负起责任，使大家都进步，至少使周围的人都进步。——邹韬奋

责任就是对自己要去做的事情有一种爱。——歌德

一个人若是没有热情，他将一事无成，而热情的基点正是责任心。——列夫·托尔斯泰

生命和崇高的责任联系在一起。——车尔尼雪夫斯基

责任感与机遇成正比。——威尔逊

一、走进基因——铁肩担道义，少年尽己责

【责任内涵】

责任的本质是承载使命，体现一个人的道义和态度，展现一个人的心智与格局。责任是个人道德修养的核心，有了责任，生命就有了真正的含义，人生就有了真正的光彩。

责任的内涵是担当、尽心与坚守。

担当体现了一个人的使命感，包含了意识、才智与勇气十足。担当是挑战自我、重任之下勇敢肩负的承受力。

尽心体现了一个人的责任感，包含了认真、专注与全力以赴。尽心是恪尽职守、不遗余力完成使命的行动力。

坚守体现了一个人的成就感，包含了坚持、忍耐与善始善终。坚守是持之以恒、不达目的誓不罢休的意志力。

李大钊的“铁肩担道义”讲的是担当，诸葛亮的“鞠躬尽瘁、死而后已”讲的是尽心，荀子的“锲而不舍、金石可镂”讲的是坚守，我们每一个人都应该像先辈那样，勇于担当、尽心竭力、坚守到底。

社会责任感是今天国家对我们青年人提出的重要品质，什么是责任？全力做好自己的每一件事，是一种责任；关心身边每个人，把别人的事当自己的事来做，是一种责任；尊老爱幼、孝养父母，是一种责任；尊师爱学，勇于创新是一种责任；爱护学校的一草一木，是一种责任；热爱公益、助人为乐，是一种责任；实现中国梦，建设美丽中国，更是一种责任……

【活动主题】

八一学校将五月设立为“责任月”。责任月的确立主要源自五一劳动节（5 月 1 日）、五四青年节（5 月 4 日）、世界红十字日（5 月 8 日）、国际护士节（5 月 12 日）、国际家庭日（5 月 15 日）、国际生物多样性日（5 月 22 日）、学校五四表彰会、合唱节等。责任月旨在借助五月的几个重要节日，倡导学生树立责任意识，投身于家庭和社会劳动中，参与到爱心护理、慈善捐助、

保护生物等社会公益中，重新认识新时代下青年的责任内涵和作用，去承担更多的责任和义务。

学校围绕“责任”基因，开展了主题教育活动，三年的活动主题分别为：

第一年度：“培养责任意识，争当品质公民。”通过主题活动，增强学生的责任意识和奉献精神，使其学会对自己、对家庭、对集体、对学校负责，学会对弱势群体负责、对社会风气负责、对自然生态负责、对国家意志负责，做具有中国精神的品质公民。本年度重在让学生界定责任的范围，唤起责任的意识，认识公民的基本道德标准。

第二年度：“学习先辈，承袭五四精神；高度负责，激发青年力量。”通过主题活动，让学生重新审视自己的角色，体悟五四精神折射出的责任与道义，懂得用青年的力量担起应尽的责任，肩负起为振兴中华民族而不懈奋斗的历史责任，担当起建设民族复兴的时代重任。本年度重在让学生从先辈的精神中获得启示，提升责任的高度，明确新时期青年的责任与社会进步、国家发展之间的关系。

第三年度：“奋斗点亮青春，责任担当未来——我青春、我担当、我绽放。”通过主题活动，让学生们逐步思考并积淀下榜样人物身上的点滴责任事迹，形成对自己负责的思想观念，具体规划出自己对青春的想法，给自己的青春列出奋斗的目标，让青春路变得更有方向感。本年度重在让学生制定责任的目标和路径，制定出自己的“责任状”。三年活动的背后揭示了“唤醒—体验—抉择”的生涯规划逻辑，也体现了“知己—知彼—知己知彼”的科学发展智慧。

二、演绎基因——责任月特色活动

穆尼尔·纳素说：“责任心就是关心别人，关心整个社会。有了责任心，生活就有了真正的含义和灵魂。这就是考验，是对文明的至诚。”可以说，责任就是对自己要做事情的一份挚爱，因为爱知识，所以对学习负责；因为爱成长，所以对自己负责；因为爱友谊，所以对朋友负责；因为爱亲情，所以对家庭负责；因为爱民族，所以对国家负责。

八一学校的责任活动，将所有的爱凝聚在一起，是对人道主义的敬仰、对生态环境的敬畏、对老人儿童的关爱；八一学校的责任活动，将所有的梦汇聚在一起，是对无限青春的憧憬、对青年力量的呼唤、对民族振兴的向往！

活动 13：奔跑吧，青春

青春时节，是人生的春天，是孕育理想、确立志向的最佳时期；青春时节，思维活跃，敢于创新，是挖掘生命潜能、开发人生智慧的关键时期；青春时节，朝气蓬勃，斗志昂扬，是充满激情活力的美好时光。

在责任月，八一学校主要在初二年级开展“奔跑吧，青春”的活动。初二的孩子们一般刚刚 14 岁，正处在站在青春的起点上眺望未来的年华。学校通过开展这一活动，让学生的青春岁月有了一个好的开端。

“奔跑吧，青春”活动重在帮助学生树立“责任于行”的意识。该活动采用“校外专家请进来”和“班会大家讲”的方式，以激发青年学生的责任感，学会对自己、对他人、对国家负责。

方式一：校外专家请进来

学校特别请到了胡国栋大校，做以“唱响英雄赞歌”为主题的讲座，对学生进行“公民教育”，让学生脑海中的“责任”“使命”等概念清晰化、形象化。

讲座中，胡大校以对越自卫反击战为实例，首先介绍了多位战斗英雄，用生动的语言勾勒出一幅幅前线战士冲锋陷阵，为保卫祖国边疆抛头颅洒热血的鲜活画面，让学生了解边疆战士的辛苦和今天美好生活的来之不易。然后，胡大校介绍了自己当时主动要求参战的经历和参战前后的思想变化，并为同学们读了 30 年前自己刚刚参战时母亲写给自己的信，使同学们深受感动。最后，胡大校又跟同学们分享了自己与战友们去革命老区缅怀曾经牺牲的战友的动人故事，用实际行动告诫同学们在和平时代不要忘记为今天美好生活奋斗牺牲的边防战士们。

在胡大校的澎湃讲座中，同学们沉浸在对青春的思考中，意识到了自己身上所肩负的历史重任，也明白了要时时刻刻装着这份责任心，为国家贡献自己的力量。

方式二：班会大家讲

在责任月，八一学校还以班级为单位开展主题班会，主要探讨青少年应该担当的责任具体有哪些，其中包括了对自己的责任、对家庭的责任、对同伴的责任、对班级的责任、对国家的责任、对社会的责任，等等。初二年级所开展的班会主题有：

1 班：我的青春我做主

2 班：梦想点亮青春，责任铸就未来

3 班：致青春，志飞扬

4 班：责任在肩，青春无悔

5 班：青春之光，温暖家人

6 班：我的青春，我的班

7 班：恰同学少年

8 班：打开青春的窗——“成长　奋斗　感恩”

9 班：致我们即将开始的青春

10 班：人人尽其责，共圆中国梦

11 班：最炫青春季

12 班：让青春与责任同行

13 班：我的未来不是梦

14 班：最美的青春，永远的责任

班会过后，同学们纷纷记录下了自己的内心感悟，表达自己对青春命题的看法。这次班会活动让同学们在对青春探讨的过程中，发现青春的美丽，珍惜青春时光，创造青春奇迹。

来自五班的同学写道：“这次班会结束了，但它留给我的感悟一直在我的心中。14 岁，我们长大了，要勇敢迈出青春的第一步。人的青春只有一次，我们一定要珍惜这来之不易、一去不复返的青春，为了将来，为了自己，努力奋斗。”

来自十一班的同学写道：“我要感谢老师，是您无怨无悔的帮助，让我学会如何做人，是您握着我的手迈入更高的一层！谢谢所有给予我帮助的人！

我一定会努力迈好青春的第一步！”

来自十四班的同学写道：“14 岁的我们，正处于青春期，也是叛逆时期，在这个时期，我们也许与父母接触得少了，这次班会，就是为了让我们能体谅父母，表达我们对父母的爱。”

青春是一笔巨大财富，它就握在每一名同学的手心里。在校外专家的智慧引领下，在班会主题的交相辉映下，同学们对青春的责任有了更深的认识，这会让他们走好未来的路，一路上，青春与责任同伴，使命与阳光同行，让生命散发出夺目的光芒。

活动 14：青年责任大讲堂

毛主席曾经说过这样一句话：“世界是你们的，也是我们的，但是归根结底是你们的。你们年轻人朝气蓬勃，正在兴旺时期，好像早晨八九点钟的太阳，希望寄托在你们身上。”青年人的未来就是中国的未来。不管在任何时代，青年人都应肩负起高度负责的使命，发挥无穷的智慧和力量。

“高度负责”的八一精神是责任月的起源。青年责任，是对自己的学习成长负责，怀有求真知、成大才的愿望；对家人负责，主动担当家庭和谐幸福的责任；对他人负责，力所能及去帮助他人，传递乐于助人、见义勇为的正能量；对绿色环境负责，保护生态环境的可持续发展；对国家发展负责，肩负起建设民族荣兴的重任。

五四运动是 1919 年 5 月 4 日爆发的中国人民反帝反封建的爱国运动。它形成了爱国、进步、民主、科学的“五四精神”。五四运动以来，一代又一代有志青年“以青春之我，创建青春之家庭，青春之国家，青春之民族，青春之人类，青春之地球，青春之宇宙”的信念，在救亡图存、振兴中华、建设祖国的历史洪流中谱写了一曲曲感天动地的青春乐章。为此，我校每年都会举办规模盛大的五四表彰会，以表彰先进个人、先进集体。其中五四奖章是学生在校获得的最高荣誉。

获得五四奖章的同学，首先对个人有着强烈的责任感，他们知道自己该做什么，怎样做才对得起自己。其次，他们对班级满怀热爱，班级的各项工作都义不容辞地积极参与。班集体中若有更多这样的同学存在，相信这个班集体会更加优秀。

“青年责任大讲堂”活动主要是由五四奖章获得者组织和准备演讲文稿。为了激发榜样力量，让榜样的优秀思想和先进事迹影响和触动更多的学生，学校专门把五四奖章获奖学生组成宣讲团，以“青年的力量”为主题开展“青年责任大讲堂”系列讲座，让他们讲述在五四精神和社会主义核心价值观背景下的自我担当、自我成长的真实故事。

待五四奖章获得者们结束演讲后，学校会鼓励各班围绕“五四精神与青年力量”的主题开展班会，讨论及活动议题包括：五四精神是什么？新时代背景下的五四精神的定义是什么？如何正确传承五四精神？在班会过后，各班级制作“青年的力量”宣誓词卡片，将宣誓词卡片贴于教室后黑板，制作成“青年的力量”责任墙。

“青年责任大讲堂”是培养学生领导力最好的舞台，在这个舞台上既能给学生传播正能量，又能锻炼获奖者的综合表达能力，呈现出高尚的人生境界。同学们在五四奖章获得者真切的演讲过程中，对“责任榜样”有了更全面的认识，懂得了真正的榜样不是仅仅关注学业，还具有责任意识和公益情怀；在班会探讨过程中，对新时期的“青年责任”有了更深的体悟，懂得了真正的责任不仅是激励自己成长，不负青春，还有对家庭的道义，对国家的认同，对社会的担当！

活动 15：爱的奉献

爱，是奉献，是责任。责任，始于生而终于死，它涵盖了人类生命历程的全部。一个人从呱呱落地起，随着年龄的增长和生命历程的变化，这种责任便由最初的爱家庭中的父母，到爱学校中的老师与学生，再到爱我们身边的人，最后到爱社会上那些萍水相逢、闻而不见之人，这是一种爱的蜕变，一种爱的升华。

南丁格尔女士以最高贵的奉献精神把一生献给了护理事业，表现出了对爱护弱小事物的精神和本能、舍己为人的高度责任感以及尽职尽责的职业精神。5 月 12 日的国际护士节，就是专门为纪念南丁格尔女士设立的，它的宗旨就是倡导、继承和弘扬南丁格尔不畏艰险、甘于奉献、救死扶伤、勇于献身的人道主义精神。南丁格尔是国际红十字组织志愿服务的典型代表，是同学们进行榜样学习的很好范例。

红十字工作是八一学校德育工作的重要组成部分，红十字活动是学校精神文明建设和校园文化建设的有效载体。深入开展红十字工作，大大丰富了学校健康教育的思想内涵，有力地提高了师生的思想境界。我校坚持红十字会工作与学校德育工作相结合，通过开展丰富多彩的活动，充分发扬“人道、博爱、奉献”的红十字精神，对学校精神文明建设、校园文化建设、学生的思想道德建设起到了积极的推动作用。

在学校红十字会的带领下，同学们沐浴着南丁格尔的人性光辉，自发组织了一系列主题活动，表现出了爱他人、爱大家的责任之心。

主题一：爱心募捐滋润心灵

爱心募捐是红十字会组织的一项常态工作，同学们自发组织了“博爱在京城”“5·8 红会周”等捐款活动，营造了温馨和谐的校园氛围，切实履行了自己作为社会小公民应该承担的责任。

主题二：关爱生命

红十字会组织学生参加关爱生命技能培训，积极开展“让避险走进课堂、用知识守护生命、红十字伴你安全成长”活动，完成了初一、高一年级自救互救培训。

主题三：包户服务健康发展

红十字会各支部利用寒、暑假组织会员去敬老院、病残教师家进行献爱心服务，实行一对一、点到点的健康护理服务，包括为年老体弱的老人送水送饭、读报聊天等，为病残教师打扫卫生、清洗衣服、推拿按摩等。

主题四：用爱心点亮希望之灯

红十字会还关注社会弱势群体，积极参与社会救助、救灾活动。各支部积极组织各种爱心活动，扶危济困。如：初一支部组织“小图书大爱心”大漠图书馆捐书活动；初二支部组织为太阳村孩子义卖捐款活动；高一支部组织韩家川村文华学校支教活动；高二支部组织“呵护天使飞翔”爱心活动及各社区聋哑儿童康复中心志愿服务，等等。

在这些主题活动中，“爱”字一直贯穿其中，同学们从奉献爱的过程中体会到了暖心的幸福，并在南丁格尔精神的鼓舞下，创编了《红十字青少年之歌》：

我们是红十字青少年，
团结友爱是我们的美好愿望，
为使人们得到幸福与安康，
愿把友谊传播在四面八方。
红十字旗崇高纯洁的旗，
我们像小鸟一样为你尽情欢唱，
我们像鲜花一样为你开放。

活动 16：手拉手责任之旅

教育均衡与教育优质的需求，促进了名校联合办学集团化的形成，其通过加强区域内外教育协作，缩小了区域、校际之间的教育差距，提高了基础教育学校均衡化和优质化水平。作为首都学校，我校肩负着带动同区学校、拉动贫困地区学校共同发展的神圣责任。我校希望通过“手拉手”的方式，发动学生力量，通过课业辅导、活动邀请、赠送资源等方式，为教育均衡贡献绵薄之力，履行学校的社会责任。

“手拉手责任之旅”活动通过“走出去、请进来”的形式，关心、资助、支教和帮扶贫困儿童踏上求学之路，共享教育资源，体味快乐成长，其目的就是让同学们在学会对自己负责的同时，具备为他人负责的意识，给予那些教育资源相对落后的同伴们生活上的关怀和学业上的帮助，展现八一学子的责任之心。

在活动开始之前，学校会在全校范围内选拔学生，组成“手拉手责任之旅”代表团。每个成员是代表班级的，要精心准备帮扶的内容，如教科书、阅读书等学习用品，校服、衣服、鞋帽等生活用品，以及一些爱心捐款、奖学金等。

“手拉手责任之旅”活动，主要有三个方向：

方向一：与集团内的成员校“手拉手”

八一学校作为集团化办学的践行者，有责任对集团内的成员校进行帮扶，同时要将学校应尽的责任告知学生，让学生参与到带动成员校学生进步与发展过程中来。这其中就包括对玉泉中学的帮扶。

北京市八一学校附属玉泉中学原为67中。八一学校与67中都和部队有着千丝万缕的联系，两校有着共同的地理位置，相通的文化和历史。同学们在开展科技节、艺术节期间，邀请玉泉中学的伙伴们来校观看表演，带领他们参观八一学校的校史馆、特色班级等，让玉泉中学的同学们感受到了关怀与温情。

方向二：与海淀区山后薄弱校“手拉手”

“手拉手责任之旅”代表团迈开步伐，走进海淀区的山后薄弱校，为那里的孩子进行课业辅导。同学们从家中带来自己平时阅读的书籍，在书上写上真诚的寄语，赠送给山后学校的孩子们，字里行间表达出对同伴的无限关爱，并与他们建立了深厚的友谊。

方向三：与全国偏远落后地区学校“手拉手”

代表团还将责任之心送到全国各地，与贵州、新疆、西藏、四川等省份的偏远落后地区的学校，进行手拉手、支教、资助活动。他们利用暑假游学的机会，走进希望小学，承担起帮扶责任。另外，代表团还邀请这些偏远地区的孩子们走进首都、走进八一，带他们看看祖国的首都，让他们看看现代的学校，与这些孩子共同度过一天的学习与生活，让他们参与到学校的课程学习中、社团活动中、合唱节中、体育运动中，真正倾注充满爱的责任之心。

在“手拉手”活动中，同学们的责任之心渐渐成长，一路上，同学们与友善同行，不仅贡献了自己的智慧与爱心，还在全国各地结识了许许多多的朋友，并与他们保持着长久的书信往来。这一份份美好的友谊，便是学生尽责的最大收获。

三、感悟基因——责任月班级纪实

责任，是重如泰山的承诺。它推动着一代又一代人兢兢业业地在各自的岗位上奉献着。人们说，人是背着一个包走路的，包里面有家庭、事业、友情、儿女……历经艰辛，却无法丢弃其中任何一件。因为这上面写着两个字：责任。八一学校试点班的学生们也在身体力行，在自己的青春岁月中奏响责任的乐章，在走过的道路上，留下了一串串温暖而富有力量的责任之印。

初一、初二、高一、高二：青春无限的合唱节

【精彩拾贝】

合唱节是书写青春的节日，歌声悠远，永不落幕。初一、初二、高一、高二的学生正处于人生最美好的时候，这段青春年华不容错过。学校开展“为集体放歌”活动，通过举办合唱节，帮助同学们树立团队意识，培养集体荣誉感，强化对集体负责的观念，挥洒青春，绽放华彩，演绎最美的青春岁月。

合唱节以大合唱为主要形式，同时配合朗诵、器乐演奏等多种形式。合唱的曲目也是种类繁多，民族的、世界的荟萃一堂。由于合唱节持续时间比较长，每个年级分篇章进行专场表演。在展演中，既有全年级的集体高歌，也有各个班的单独献唱，充分展示了同学们青春无限、努力奋斗的精神风貌，同时同学们也懂得了作为中国人和世界人应该承担起的时代责任。

一、民族责任篇

初一年级的合唱主题主要定位于“传统文化”，集合了合唱、小组对唱、歌曲伴舞等形式，《中华民族》《感恩的心》《跪羊图》《爱的真谛》等感人至深的歌曲，弘扬了中华民族优秀的传统文化，让同学们的心灵受到了善与爱的洗礼。

二、革命责任篇

初二年级的合唱主题主要定位于“红色精神”，《义勇军进行曲》《十送红军》《红旗飘飘》《走进新时代》《东方红》等一首首歌曲，让合唱节的气氛高涨起来，将红色精神唱到了每一名同学的心坎里。

三、世界责任篇

高一年级的合唱主题主要定位于“世界友谊”，分为“欧洲篇”“亚洲篇”“非洲篇”和“南美洲篇”，演绎顺序新颖独特。各班的歌曲风格迥异，集中了合唱、轮唱、歌舞表演等多种形式，给人留下了深刻印象。

四、青春责任篇

高二年级的合唱主题主要定位于“青春志气”，一首《怒放的生命》让全场同学心潮澎湃、热血沸腾，在场的同学们抑制不住内心的激动，纷纷从座位上站起来，与高二年级的同学们一同欢唱，唱出了自我，唱响了青春。

【真情流露】

合唱节，为同学们打开了一扇通往音乐殿堂的大门，让同学们在唱响经典、弘扬文化之际，在高昂的歌曲中激发出蓬勃向上的正能量，同时培养了同学们我为人人、精诚合作的集体观念。

天籁的声音和华丽的舞台效果使同学们沉浸其中，每个人都在用年少的激情演绎着如火的青春。合唱节虽然已经结束，但是挥洒青春的喜悦和满足将会永远留在每一个少年的心中，它不仅是同学们展示自我的舞台，更是一次增强集体凝聚力和向心力的考验之旅，让同学们在合作互动中，增进集体感情，生发为集体争夺荣誉的责任感。

学子感言

太阳村爱心行动

——G2015 届 3 班　殷树楠

再一次，我们走入了这个熟悉的“小村落”，看到那一排排简易的平房、一块块平整的菜地、孩子们一个个玩耍的身影。太阳村，与往日相比没什么不同，它虽然简陋、偏僻，但却是一群孩子在这纷杂的社会中生活的净土，一个距离家与爱最近的地方。

若谈及太阳村，或许很多人不太熟知，但当在百度词条下敲击出“太阳村”这三个字，并仔细看过它的介绍，你一定会为这样一个无偿的社会救助团体心生敬佩。有一些孩子，因父母犯罪，难以得到相关资助，他们有的流浪，有的为人放牧，有的沿门乞讨，更有甚者，已像父母那样走上了犯罪道路。

作为非政府的慈善组织，太阳村十多年来以无偿代养代教服刑人员未成年子女为己任，对服刑人员无人抚养的2000余名未成年子女进行特殊教育、心理辅导、权益保护以及职业培训服务，使他们在一个相对安定温馨的大家庭里像其他孩子一样得到保护、接受教育、健康快乐地成长。

在高一至高二期间，我们支部曾多次为太阳村组织募集善款，带领团员及团员家长前往太阳村进行志愿服务。通过与这些孩子们的接触，我们了解了他们的身世，体会到他们的孤独与寂寞。看到他们艰苦的生活环境，我们这些“城里孩子”懂得了感恩，也更能主动地对生活中那些需要帮助的人奉上自己的爱心。一次次的活动大大激发了同学们的爱心和社会责任感，使我们在关注书本、关注自我的同时，也关注弱势群体，了解到他们生活方面的困难，从而竭尽自己所能去帮助他们。在将近两年的时间里，我们通过自己的绵薄之力，让太阳村能被更多的善心人士所知晓，而“太阳村”，也逐渐成为高二三支部的代名词。

在赶往太阳村之前，我团支部在全校范围内组织了爱心义卖。同学们采购了精美的小礼品作为义卖的商品，积极向学校各个年级的师生进行义卖。虽然义卖的范围很小，最后的成果也不会给太阳村提供太多的帮助，但我们要做出自己应有的贡献。我们每一个人，在这个世界中都是一个个渺小的存在，就如同浩渺宇宙中的一颗颗星星一般，这些许的光亮也许微不足道，但我们相信，这一点微弱的光芒总能让那些身处黑暗的人心存希望，有勇气等到下一个天亮。在义卖的过程中，我们也遭到过拒绝，可是每个人都义无反顾地坚持着。慢慢地，这项我们最初认定为一项艰巨任务的义卖，在最后转变成了一个让我们感到骄傲的义举。这次活动不仅获得了同学们的大力支持，老师以及校红十字会在听闻了我们的活动后也为我们的活动提供了很大的助力。

通过这次活动，我们更加珍惜每一份爱心，毕竟，这种通过自己努力而收获的成就感，比直接伸手向父母索取好得多。而在付出的同时，我们每一个人也都有了不一样的收获。最终我们成功筹集了超过千元的善款，用于购置食品、运动器材、生活用品等。

带着精心选购的物资，我们怀着满腔的爱心与热情，怀着感恩与希望，开始了再一次的太阳村之行。因为已是第四次踏入这里，对于太阳村的内部环境，我们早已轻车熟路，我们一边和志愿者攀谈，了解太阳村的近况，一边将物资放到接待处。院子里的积雪还未融化，吹过脸边的风也夹着丝丝冷意，但一个月后，万物都会恢复生机，草长莺飞的季节，正是孩子们长身体的最好时间。

孩子的天性就是玩耍，他们在玩耍中学习，在玩耍中成长。太阳村的孩子们因为家庭背景的关系，比同龄人更早感受到了社会的冷暖，因为太阳村属于无偿的救助团体，他们在很小的年纪就要干各种农活以维持太阳村的正常运转，没有父母的陪伴已使他们的童年残缺了许多，我们希望送去的一些体育用品能够为他们的生活添一些色彩，让他们瘦小的体格更加强健。

整顿好物资，我们在志愿者的带领下来到了楼后的一片空地上，进行此次的义务劳动——运送煤块。在看到如小山般堆砌的煤渣煤块后，我们不禁一怔，接着大家便争先恐后地拿起铁锹，投入到劳动中去。三辆简易的手推车，以及十几把铁锹，便是我们所有的工具。虽然我们铲煤的动作在旁人看来还略显生疏，地上散落的细小煤渣也显得我们有些笨手笨脚，但这丝毫没有阻碍我们干活的热情。一座小山似的煤堆被我们几十个人围起来，变得不再让人望而却步，大家干得热火朝天，冬日里的寒冷气息早已被这似火的气氛消散得一干二净。雪白的校服被煤油溅出点点印记，手心也被木质的铁锹手柄磨出了红印，但当看到锅炉房里的煤堆积得越来越高，想到孩子们能在凛冽的冬日里体会温暖与幸福时，我们觉得所做的一切都是值得的、有意义的。

身边一个个满脸洋溢着笑容的身影跑过，我们忽然庆幸有太阳村这个组织的存在，庆幸有那些志愿者愿意为这些孩子们付出，庆幸社会上有那么多的善心人士愿意提供资助。因为有他们，才能让这些孩子们的脸上保有这些无邪的笑容，才能让这些孩子们拥有一个能称之为家的地方。脸上满是煤灰的我们相视一笑，由衷地为我们所做的一切感到满足与自豪。

劳动过后，我们在太阳村的农场中享用了一顿简单的午饭。大量的体力活早已让我们变得饥肠辘辘，午饭结束后，我们又帮助食堂里的孩子们进行了一系列的清扫工作。

此次志愿服务活动让同学们在劳动中收获了快乐，在给予中收获了温暖，在责任中收获了幸福，进一步弘扬了“奉献、友爱、互助、进步”的志愿精神。太阳村的孩子们需要爱心关怀，太阳村的发展需要志愿服务。希望到高三，我们的活动也依然能风雨无阻地进行下去。虽然力量微弱，但我们的脚步不会停歇。希望因我们渺小的存在，能让那些孩子们感受到温暖与幸福。让我们用爱心、用责任、用担当为那些孩子们撑起一片蓝天！

品行篇

品行篇

查·艾霍尔说："有什么样的思想，就有什么样的行为；有什么样的行为，就有什么样的习惯；有什么样的习惯，就有什么样的性格；有什么样的性格，就有什么样的命运。"品格善恶的表露，是出于外在的行动表现，让你在不知不觉之间便自然而然流露出自己的品格。养成教育是教人"成人"的重要教育方式，塑造学生良好的品行是学校教育的核心。

教育阶段的德育目标指向品行教育，通过教育培养品行端正、习惯良好的学生，实现其由自然人向社会人的转变。多年来，八一学校积极推动品质文化的建设，传承学校品行端正、品行优良的光荣传统，拓展"养成在思想中、养成在环境中、养成在学习中、养成在课堂中、养成在活动中、养成在实践中、养成在家庭中、养成在社会中"的新途径，努力探索和开发养成教育的新模式和新方法，不断增强学校的行为教育。

诸葛亮说："夫君子之行，静以修身，俭以养德，非淡泊无以明志，非宁静无以致远。"这句话道出了最好的品行是什么。"勿以恶小而为之，勿以善小而不为"，这是八一学校在品行教育方面始终求索的目标。八一学校将挖掘七十多年发展历程中的品行故事，发挥文化化人的功能，不断坚定青年学生自我发展、意志坚定、勇往直前的信念，不断提高信息处理、批判思维、创新精神、实践能力、团队协作等良好行为意识。尤其在注重能力培养的今天，良好的品行一方面是指习惯，另一方面则是指21世纪必备的关键能力。让八一学校"乐学、善悟"的学习品质和"笃行、拓能"的实践品质在广大青年学生中生根、发芽，培养出"品行优"的高素质人才。

第五章　独立

自律　自主　自强

校长寄语

“丈夫贵独立，各以精神强。”“独立”之人的身上总有一股自力更生、发奋图强、顶天立地的精神，这是难能可贵的品质，在学校的教育中非常需要把这种优秀的品质赋予学生，让他们学会自立自强，成为掌握自己命运和人生的主人。

《易·大过》中有“君子以独立不惧”之说。梁启超也说：“少年独立则国独立。”随着社会的开放、时代的发展，孩子们要独自面对环境、面对挑战，这迫切需要他们具有独立的品格，拥有独立的判断能力、思考能力、学习能力、应变能力、创造能力等。“独立”是他们安身立命的精神动力。

八一学校提出“独立”基因，就是希望每一名八一学子能够养成独立自主的品格，学会自我管理和自主发展，为日后优雅、自信、从容地走向社会，奠定最坚实的人格基础。

独立名言

天行健，君子以自强不息；地势坤，君子以厚德载物。——《周易》

君子之道，始于自强不息。——王安石

自强为天下健，志刚为大君之道。——康有为

独立思考能力，对于从事科学研究或其他任何工作，都是十分必要的。在历史上，任何科学上的重大发明创造，都是由于发明者充分发挥了这种独创精神。——华罗庚

最好你们能独立处理事情，这将使你们获得自信心。——恩格斯

发展独立思考和独立判断的一般能力，应当始终被放在首位。——爱因斯坦

最本质的人生价值就是人的独立性。——布迪曼

独立能力是人生的基础。——穆尼尔·纳素夫

一、走进基因——生活当自立，人生当自强

【独立内涵】

独立的本质是自立，它最能体现一个人独立的思想、独立的人格以及独立的技能。

独立的内涵是自律、自主、自强，表现的是一个人自我管理、自我发展、自我激励的成长过程，是一个人自控力、自信力和自驱力的综合体现。

独立的人是拥有自控力的人，他们懂得正确认识自我，了解自己的优势与不足，努力做到约束自我，自发做事、自觉学习、自愿服务。他们懂得为自己设立清晰的目标以及实现目标的路径，并勇敢地排除行进道路上的一切干扰。

独立的人是拥有自信力的人，他们懂得依靠自己的力量去力争学习中一个又一个良好的成绩，获得生活中一个又一个可喜的成就，并在这个过程中，努力学习，完善自己，学会自理，增强自信。

独立的人是拥有自驱力的人，他们拥有对美好未来的无限憧憬以及对成功的向往和渴望，在面对挫折与困难的时候不断自勉，奋发进取，脚踏实地，百折不挠，一步一个脚印地向着崇高的理想迈进。

八一学校所认为的独立并不是独善其身或自我封闭，而是有效贯彻联合国教科文组织所倡导的培养“学会生存”能力，是站在成就品质人生的高度，培养学生自我发展和自我完善的勇气和自信，树立独立的学习观、成长观和生活观，首先达到“功在勤政，威在律己”，进而达到“独立自主，自力更生”，最终达到“厚德载物，自强不息”的境界。

【主题立意】

八一学校将一月设立为“独立月”。独立月的确立主要源自元旦（1 月 1 日），古巴、苏丹等多国独立日（1 月 1 日）、日本成人节（1 月的第二个星期一）、寒假等。独立主题旨在借助一月的几个重要节日，让学生了解各个国家为争取民族独立和解放所做出的艰苦努力，知晓古代中国推行的“冠礼”成人仪式内容以及邻国日本在成人节上积极健康的主题设计，激发学生在寒假

期间独立地组织和参与各种有意义的假期活动，培养其独立意识与独立精神。

学校围绕“独立”基因，开展了主题教育活动，三年的活动主题分别为：

第一年度：“学会自我管理，学会自我发展，学会自我激励，学做自立之人。”通过主题活动，让学生了解独立的内涵，学会在寒假中掌握自我管理的科学方法，知晓自我规划、自我锤炼的途径，在克服困难的过程中逐步拥有独立的个性。本年度重在教会学生自我管理的能力，包括管理时间、管理计划、管理质量、管理情绪等。自我管理是学会独立的第一步。

第二年度：“实践中培养自立能力，体验中砺炼独立品格。”通过主题活动，让学生走进大学校园，体验大学生活，了解科学探究和实验的过程，培养学生独立学习、自主实践的能力，让学生在自我发现问题、思考问题、解决问题、评价问题的过程中，锻炼独立的品格。本年度重在教会学生自我发展的能力，包括自我的学习能力、探究能力、实验能力以及合作能力。自我发展是迈向独立的重要一环。

第三年度：“自主、自强，争当独立少年；开拓、开创，勇做杰出人才。”通过主题活动，让学生借助冬令营走进科学院，体验微科学，认识新常态，激发进取心，了解科学发展的新趋势、技术创新的新领域、创新驱动的新价值，从中感受科学工作者自强、自主、开拓、开创等优秀品质，明确独立性格对于融入社会和发挥个人价值的重要意义，树立独立自主的成长目标。本年度重在教会学生自我激励，以榜样的力量激发成长的自信。自我激励是成为独立之人恒久的内在动力。

二、演绎基因——独立月特色活动

爱因斯坦说：“学校的目标应当是培养有独立行动和独立思考的个人，不过他们要把为社会服务看作是自己人生的最高目标。”履行义务、服务社会是一个人是否独立的重要标志，体现的是成熟的心态。因此，独立的至高境界是超越自我，树立为人类服务的意识，进而实现人生的意义和价值。

八一学校的独立活动，体现了内外兼修的思想，对内就是管理自己，包括目标、时间、计划、心理、情绪、精神、观念等，对外就是丰富自己，在走进社会中打开心扉、开阔眼界、丰厚知识、提高能力。独立活动就是使内在的动力激发外在的活力，外在的能力增添内在的毅力。

活动 17：最炫寒假作业

一月的独立月正值寒假，假期是锻炼孩子们独立自主品格的最佳时机，八一学校借寒假学生自由支配时间的机会，为同学们设定了最炫酷的寒假作业，让同学们既摆脱了繁重的“笔头负担”，也提升了自我管理、自我监督、自强自立的能力。

在“最炫寒假作业”中，学校根据小学年级、初中年级、高中年级学生的特点，为他们分别制定了不同的寒假作业任务：小学年级主要完成“寒假家务单”；初中年级主要完成“日行一事”；高中年级主要完成“我当小老师”。

小学年级任务：寒假家务单

在中国有本畅销书深得父母们的喜欢，那就是日本一家三口合著的《会做饭的孩子走到哪里都能活下去》。书中主角安武千惠是一位身患癌症的母亲，她因为不放心 4 岁的女儿，坚持在病中教女儿做饭。

其实千惠不仅是在教女儿做饭的技能，更是在教女儿独立与自尊。这个故事感动了许多中国父母，同时也引发我们对孩子教育的很多思考：当有一天孩子离开父母的时候，他是否能独立生活？是否能照顾好自己？是否能够生存下去？

对此，八一学校在独立月，为同学们准备了特别的寒假作业——寒假家务单。小学年级的寒假作业的内容是这样的：

这个假期，请同学们培养自己的生活技能，人人都要参与到家务中。经过一个假期的锻炼，至少要有一项拿得出手的家务活。

“一屋不扫，何以扫天下”——清扫篇：打扫房间（扫地、拖地），整理床铺，收拾书桌，清理书柜。

“一粥一饭，当思来处不易”——做饭篇：煎一个鸡蛋，下一碗面，做一道菜，刷碗。

“衣贵洁，不贵华”——洗衣篇：会使用洗衣机，手洗小件衣物，洗书包，会清理各种污渍。

初中年级任务：日行一事

唯有自律才能独立，寒假期间同学们的时间变得更加自主，只有加强自我约束和自我管理能力，才能让整个寒假过得充实而有意义。为此，初中年级布置了“日行一事”的寒假作业，让同学们每天都必须做一件有意义的事情。因为这不仅能够锻炼学生的自律能力，还能够帮助学生养成好习惯。

日行一事，包括很多个方面，凡是对学生成长有帮助、有意义的事情，都可以纳入其中。初中年级的寒假作业是这样的：

同学们要利用假期时间培养自身的自律能力，每天做一件有意义的事情，懂得自我管理和自我约束。同学们可以做的事情包括：

每天坚持写一篇日记，记录下自己当天的心得、感受。

每天坚持体育锻炼，包括蹲起、跑步、跳绳、跳远、仰卧起坐、蛙跳等。

每天给爸爸妈妈讲一个小故事，一起分享故事心得。

每天读晨报、看新闻，了解当天国内外发生的大事。

每天收拾房间，保持房间的整洁。

……

高中年级任务：我当小老师

高中年级的学生具备了一定的自主学习能力，在寒假期间，让同学们当小老师，能够锻炼学生的自强精神，激发学生对知识深入学习的兴趣。在当小老师的过程中，同学们独立备课、独立讲课、独立解决问题，这对学生独立品格的培养无疑是有帮助的。

“我当小老师”采取让高中年级学生发挥自己所擅长的科目优势，寻找校内外比自己低年级的同学进行辅导，讲课方式要与教师正式授课一样，切实从备课、讲课、课后提问中锻炼自己独立思考和独立解决问题的能力。高中年级的寒假作业是这样的：

在寒假期间，每一名同学都要争做小老师，根据自己的学科特长，寻找一名低年级的授课对象，可以是本校的，也可以是邻居、朋友等，为他们讲授课业内容。具体要完成的讲课流程为：进行自主备课，学会制作课件；进行自主讲课，体验教师工作；进行课后辅导，解决听课者的问题。

这些炫酷的寒假作业形式，成了八一学校独立月一道亮丽的风景。虽然寒假期间校内空空，但是每个同学的寒假生活都过得格外充实，饶有滋味。更重要的是，同学们在完成这些个性化的寒假作业过程中，通过接触实际生活，对生活更加热爱，在体验生活的过程中增强了自我管理与自我约束能力，懂得了如何独立生活。

活动 18：畅游天下

当旅游遇到教育，学习藏于游玩时，“读万卷书，行万里路”这句名言便成了新时尚。每一处旅游胜地，都蕴藏着教室、书房里得不到的学识，都需要用真诚的心去领悟和学习。游学就是这样一种教育体验。

游学的目的有三：一是见证文化、梳理思绪，尽可能入乡随俗、身临其境。二是吃苦尝酸、体察真知，使精神随之振奋。虽然游学时间短促，很多时候只能捕捉一些新鲜活泼的东西，但将学习、旅游两者很好地融合，游学文化就会打开一个人的眼界，进而影响其一生。三是锻炼学生的独立品格，让学生在游学途中学会照顾自己，独立生活，这也是八一学校通过开展社会游学培养学生独立品格的主要目的。通过让学生进行社会大课堂的学习，为学生提供广阔的校外平台，让学生了解真实的社会，体验社会、认识社会、适应社会。

如今，游学活动被国内外许多知名学校所青睐，八一学校的游学活动课程是基于学生的直接经验，密切联系学生自身生活和社会生活，注重对知识技能的综合运用，体现经验和生活对学生发展的价值。我们对不同年段的学生，采用不同的思路，为学生在假期时间，分主题、分线路地设计了丰富多彩的游学活动。

初一年级是习惯成长年。游学主题内容为关爱生命、自尊自律、诚实守信，包括团队之旅、科技之旅、海淀之旅、植物之旅、遗址之旅、生存之旅等若干条线路。每一处游学地点都提前预设了不同学科的学习任务，学生可以根据个人的兴趣爱好和能力选择相应的游学路线，并完成学习任务。

初二年级是责任成长年。游学主题内容为勤奋自主、合作进取、诚实守信，包括博物馆之旅、文学之旅、农业之旅、远足之旅、红色之旅、美育之旅等若干条线路。每一处游学地点都提前预设了不同学科的学习任务，学生可以根据个人的兴趣爱好和能力选择相应的游学路线，并完成学习任务。

高中的游学活动，我们分为“文化线”和“红色线”。文化线，主要选取山东曲阜、陕西西安、河南洛阳、江苏南京及其周边城市，作为主要考察城市。学生通过城市考察、小组合作研究等方式，走访古都名城，了解中国本土文化，从历史沿革中探寻都城变迁的轨迹，探究历史，思考今天，更好地认识北京的建设发展趋向。学生通过课程学习、现场考察，能够真切体会华夏文明的灿烂辉煌，并能在小组活动中提升合作交际能力，增强民族认同感和历史责任感。红色线，主要选取重庆、长沙、阜平及延安等地，作为主要考察地点。学生通过考察、小组合作研究等方式，走访红色名城，了解中国革命历史，增长革命斗争知识，学习革命斗争精神，培育新的时代精神。

游学途中，同学们不仅感受到了各地的风土人情、文化气息，还结识了很多新的朋友，加深了同学之间的友情，并在无形中学会了自立。

三、感悟基因——独立月班级纪实

世界上最坚强的人就是独立的人。陶行知先生也说过：“滴自己的汗，吃自己的饭，靠人，靠天，靠祖上，不算好汉。”伴随着寒假的来临，八一学校希望同学们能够在宝贵的假期中培养独立意识，锻炼自立能力，待寒假归来时，独立之人初长成！究竟过一个怎样的寒假呢？八一学校通过冬令营科学实践活动的开展，给了孩子们一个别样的天空。

高一 1 班、高二 1 班：走进大学校园，体验微科学

【精彩拾贝】

独立学习是一个人走向社会的重要环节和基本能力，它促使学生养成终身学习的良好习惯，具有更深邃的知识内涵和更广阔的文化视野。八一学校注重培养学生独立的学习习惯，让学生具有独立思考、独立探究、独立实践的精神。

在独立月，学校借助中科院信息学院、北京理工大学的高校资源，为学生们提供进入大学实验室进行专题探究式学习的机会。北京理工大学已经同八一学校签署了合作框架协议，通过大学与中学的衔接，打造创新型人才培养的联合体，共同探索拔尖创新型人才培育的新途径、新方法。因此，学校每年都会利用寒假这一宝贵的时间组织学生走进北京理工大学，走进实验室，感受科学的魅力。同时，学校借助科研院所和大学专家团队，为有兴趣的优秀学生提供课程支持，以实现“多元化自主探究、特色发展”的资优生培养计划。

目前，我们接触到的还仅仅是科学技术的起步内容，因此“微”即初级简单的科学实验以及细致入微的科学体验。我们利用寒假 3—5 天时间，开展了三项活动：一是参观，二是听讲座，三是动手实验。

首先，我们由中科院信息学院、理工大学教师及学生带领参观校园、校史馆，熟悉实验室及其相关规则。在参观过程中，我们深深感受到中科院信息学院和理工大学深厚的学科底蕴和科学精神。

接着，我们又听了高校教授的专题讲座。中科院信息学院教授主讲创新意识对自我成长的重要意义；理工大学教授主讲独立意识对科技创新与自我成长的重要意义。在教授的启发下，我们的思维变得更加开阔，对许多科技项目有了更多的了解。

最后，我们自主进行动手实验。中科院信息学院对高一资优班的学生展示了动漫制作及机器人两个特色项目，让同学们观赏了科技创新成果，了解了科技创新领域，明确了科技创新趋势，从而激发了个人对科技创新的兴趣，加深了对信息科技领域的了解。同时，理工大学结合学科优势以及实验室对外开放条件等，集合最具特色的 4 个学院，制定了个性化的研究项目，涉及信息科技、自动化、光电等领域。高二资优班学生及翱翔计划培养学员在自愿的基础上根据个人意愿选择不同项目，深入实验室，对热门课题展开研究，感受到了理工类学科的巨大魅力，体验到了独立探索的妙趣横生，培养了自身的科学探究意识以及动手操作能力。

冬令营让学生们提前有机会进入大学实验室中去做实验，这次难得的机会不仅能够开阔学生们的学科视野，而且对其今后的专业选择与深入学习也大有帮助。

【真情流露】

高一 1 班：软件小组成员

从寒假第一天起，我们在理工大学开展了为期三天的冬令营活动。当初不经意的一个选择，没想到却收获到了意外的惊喜。我选择的是软件学院，主要学习模块化机器人。

第一天上午，学长给我们介绍了嵌入式系统、简单的 C 语言和高大上的迪杰斯特算法。接下来就正式进入设计机器人的阶段了，在三天的时间里，我们要在学长的指导下自己设计并制作一个机器人。设计机器人首先要有创意。我和小伙伴先后提出了找东西机器人、写字机器人、擦玻璃机器人、打字机器人等想法，但因为平台不支持、难度太高或时间不够，都被否决了，最终选择了倒水机器人的创意。通过对创意的思考，我感受到科研人员做发明创造的不易，同时，也懂得了，我们在思考问题时一定要全面，要尊重客观事实，不能因为主观感受就判断可行或不可行。有了初步设计，就要动手操作了。一开始因为没有经验，总是一个轮子组装完成后才发现没有装一个零件，或是某个零件装反了，所以要拧开螺丝全部拆掉，从头再来。经过几次拆装，我们有了经验，每次拼装前都先比画一下，确定所需的零件和零件的方向，减少出错的可能。经过一天的努力，小车总算拼装完成了。

第二天，我们对小车进行了改进，增加了一个“关节”，使它可以将水瓶举起、放下。下午，我们用专门的软件写了一个简单的程序，当车上的红外线传感器识别到前方有障碍物时，小车自动右转，然后通过数据线把程序导入小车上的单片机，单片机就可以支配小车直走或右拐了。实验还算成功，美中不足的是小车一个轮子上的舵机出了问题，比其他三个转得慢，导致小车直走时会发生偏转。

第三天，就进入到编写正式程序的阶段了。考虑到只是把水杯举起放下太过于单调，于是学长建议给它来一场开场舞。很快，我们就把动作编好了。可是说起来容易做起来难，小车上一共有 8 个舵机，每个动作都需要一个一个地调整舵机的角度和速度，不同的舵机旋转的方向也不同，数据很多，记录时就出现了问题，我把两个舵机的序号记乱了，只能把前几个动作重新测量。这也证明了条理性的重要。经过一上午的调试，程序终于写完了，实验也很成功。小车先做一套芭蕾手位的动作，在原地转一圈，然后边直走边左右摆手，最终回归中位。我和小伙伴们都被这炫酷的开场舞惊呆了。当红外传感器检测到前方有水瓶时，小车自动停下，“手”向内握住瓶子并能举起放下。临近中午时，我们和软件学院的其他同学进行了交流展示，也了解到了更多的知识。

在这三天里，我学习了关于模块化机器人的知识、简单的编程，并通过拼装机器人提高了动手能力。拼装机器人要经过反复调试、反复改进，而这种刻苦、耐心和毅力正是现在我们克服困难，通往梦想之路的必备品格。

高一1班：化工与环境小组成员

在本次“走进北理工，体验微科学”的冬令营活动中，共有13名同学选择了化学与环境学院的课题进行研究。我们被分为了虚拟现实技术课题组、锂离子电池首次放电容量测试课题组、β-乙基纤维素课题组、乙酰水杨酸（阿司匹林）抗炎验证课题组。

我选择的是虚拟现实技术课题组。经过指导老师邓教授的一番介绍，我才明白化工环境研究需要将大型设备和在现实中不易操作的化学原料以虚拟现实的形式构建起来，从而达到研究此类项目的目的。

与我想象中要做两天枯燥乏味的编程男不同，邓教授带领我们走进JMonkeyEngine技术。他以有趣的方式向我们介绍了该技术的功能和在当今社会的应用及价值所在，从而把我们带进了虚拟现实技术的世界当中。

然后便是学习使用3D模拟工具。老师通过已经完成好的一些案例，将编程语言和图像对应起来，便于我们辨识和记忆。第一天，我们学会了将各部分图像转化为代码体现在屏幕上，但邓教授希望我们在实践中学到协同创新的能力，于是我们开始进行分组。我们小组负责模型系统，第二组负责粒子系统，第三组负责地形系统。

我参照素材包中建立模型的案例，将一个3D的playground素材通过空间定位放入整个系统当中，但运行程序时却发现只能看到设定的背景而找不到放进去的模型。查找代码后发现，原来是我没有将初始视角的空间坐标定好。完成初步任务之后就是缩放模型、确定视角最低限值等，这些看似简单的东西调整起来却十分烦琐。

第二组的粒子系统最为烦琐，代码虽然简单，但要将几十个粒子组合起来却是一件复杂的事。

第三组画地形图也遇到了许多问题，譬如灰度图深浅无法识别、格式不对，运行后纵向凸起与想象的不一样。但经过反复检查和向邓教授请教后，也完成了地形图的制作。

最后一个大难题就是将三部分结合。这时有许多刚刚完成好的细节又要重新调整：一是空间坐标不对，二是大小不吻合，三是不同设备的运行效果有差异。由于粒子系统的变更需要耗费大量时间，因此只让它做了较少的变化，从模型和地形着手对整个系统进行优化和改进。最终，在第三天的上午十点左右，我们完成了整个系统的构建。

三天的学习让我收获颇丰，不仅学会了 3D 技术和 JMonkeyEngine 工具的使用技巧，还学到了协同创新的能力，真是不虚此行。

高二 1 班：光电学院小组

为期三天的理工大学科技活动冬令营生活让我们受益匪浅，我们在体验科学魅力的同时，也懂得了实验的过程是多么重要。

我们在理工大学的学习生活是围绕实验展开的。第一天的学习可以用“五个实验”来概括。我们被分为五个组，分别完成五个实验，然后每隔 1 个小时轮换一次，记录下每次实验的操作和观察到的物理现象。虽然这些实验并不难操作，观察到的物理现象也并不复杂，但是它们让我们更直观地理解了许多物理知识。组内的每一位同学都认真地完成了五个实验，并且做了完整的笔记。经过一天的学习，我们才明白一直认为很简单的实验，原来并不像我们想象中那样简单，手捧着笔记，思索着那份沉甸甸的收获时，一天的疲惫似乎被抛到了九霄云外。

第二天我们开始了实验，也就是自主创新。我们分成三个组：一组负责柜子内部的优化设计，简单来说就是在柜子中添加一盏能够与开关柜门相适应的灯；二组负责设计并制作自行车车轮发电的装置；三组负责研究如何才能让鞋子成为发电机。虽然三个组的课题并不相同，但是相同的是每一位同学都在为自己的课题努力付出，一步步地设计、分析、实践，根据自己的设想做出雏形，然后再发现问题，及时修正……在我们创新的过程中，老师会给予必要的指导，使我们的设计能够高效完成。

最后一天，我们迫不及待地奔向实验室，想知道自己的成果在老师加工后有了怎样的变化。果然，我们的作品在老师的妙手下变得更加精湛、完美。老师舍弃了一些我们不成熟的想法，替换上了更合适的设计，使每个成品都有了很强的可观性。老师们的思维和学识值得我们敬佩。

张教授说得对，做好手写总结很重要，一个人的字能够体现一个人的态度和心思。每位组员的手写总结都是认真仔细地完成的，能看出大家在这次活动中收获了许多东西。我相信大家都会坚守自己的信念，积极地面对未来生活中的每一份挑战，不完成目标誓不罢休。

高二1班：信息学院小组

通过三天的学习，我们掌握了网络和信息安全领域一些入门的知识。在课堂上，我们从站点、虚拟机的搭建开始，了解一个网站的结构和可能存在的问题，通过学习网络基础知识、网络层级、网络协议等内容，探究信息传递的详细过程，并且通过学习实用软件，掌握了一些网络和站点的简单攻击方法和反制措施。此外，我们还学习了利用动态、静态程序分析软件，来破解应用程序的密码。通过学习，我们第一次看到了网络运作背后的原理，看到了人类智慧的结晶。

同时，我们也看到了网络中潜藏的危险。网络和信息安全是信息化社会愈来愈重要的议题，一场没有硝烟的战斗正在网络中进行着。“震网”病毒被认为是首个网络超级武器，起初爆发时，据统计感染了10万台电脑。这次感染使伊朗的铀浓缩离心机关闭了近1/5。这已然给我们敲响了警钟。

在这次活动中，我不仅收获了知识，更感悟到了兴趣的力量。有一句话给我留下了极深的印象：“我在学习学累了的时候就喜欢编一段代码玩玩，当作休息。”这些被别人视为枯燥之物的代码，到了他们手里便尽显神通。因此，学习的关键是兴趣，只要找到自己兴趣所在并不断探索，就必定能有所成就。

高二1班：软件学院小组

我们软件小组一共五人，分为舞蹈机器人和JAVA语言编写计算器两个小组。我们小组主要是对机器人进行舞蹈动作的设计，而另一个小组是编写一个计算器的程序并进行应用。

第一天下午我们来到实验室，由一个学姐为我们进行学习介绍。学姐展示的一组照片令我印象深刻——学生躺在实验室地上睡觉。做研究不易，有时为了研究项目需要熬通宵，十分辛苦。一个微不足道的产品的背后凝聚了科研人员百倍汗水。成功不是盼来的、空想来的，而是脚踏实地、勤奋刻苦、努力付出得来的。

最后半天是小组展示活动，各组同学都要展示自己的实践成果。总结时好多同学都说，当时对这门课程并不了解，也没有什么技术基础，但大家最后都有了成功的作品。这次实践机会是一次难得的投身科学的机会，说不定这次机会就会燃起一些人心中的火焰，日后会选择这个专业，从事这个行业。

从事科学研究还有一点很重要，那就是创新。仅从我选择的舞蹈机器人来讲，这个科目没有太多的技术含量，我们需要做的就是用手给机器人掰动作，然后把软件中自动生成的编码录入机器人中。这虽然没什么难的，但它需要我们创新，每一个动作如何进行，如何融入音乐，都需要我们去斟酌和想象，用我们的思维去赋予它美感，让它拥有自己的舞姿。

这三天我们都取得了一定成果。我认为最重要的是我们走进了科学，在科学的氛围中了解了科学和科研精神，明白了科学成果的来之不易，明白了科学精神的细致严谨，明白了科学事业的光荣伟大。感谢软件小组的各位学长牺牲自己寒假时间，陪伴了我们三天的时间，这三天将拉开我们与科学之间的那道帷幕，让我们走进科学、理解科学，从而热爱科学、从事科学。

高二1班：机电学院

在寒假的三天里，我们参加了“走进北理工，体验微科学”的冬令营活动，参观了理工大学的校史馆和机电学院，收获颇丰。

理工大学是抗日时期设立的自然科学院，与八一的历史及办学理念有许多相似之处，在新中国成立后也为祖国培养了一批批优秀人才，并支持了北京航空航天大学、清华大学等知名学校的教师团队建设。在这里，我们更能体会到历史带给这个学校的积淀。

在开营仪式上，我们倾听了罗教授关于创新的讲座。通过讲座我们不仅明白了创新不是科学家的专利，我们普通人也很容易做到创新；也明白了通过观察生活，并将知识融会贯通，才能做到创新。但创新并不是说做就能做到的，它还需要我们具有敢于冲破常规的勇气与开放的思维。在今后的生活中，我也会细致观察生活中的事物并积极思考，争取培养创新思维。

在机电学院我们真正感受到了创新的重要性。我们被安排在一个制作机器人的教室。教室虽然空间狭小，但这里容纳的优秀思维是不可估量的。我们见到了各式各样的机器人，地上的、水下的、完成的、正在制作的……罗教授还特意请了几个组的同学与我们进行交流。通过与学长的交流，我们大致了解了机器人各部分的原理、设计思路。我们还亲自使用了几个机器人，感受到了构思的精巧与应用的高效。一个机械助力器，通过几个电机、气缸、传感器，既可以作为我们锻炼的工具，也可以在我们搬运物品时为我们提供帮助。这些机器人看似很平常，但它其中的设计思路是一般人很难想到的。就像大家常说的："只有想不到，没有做不到。"工艺方面固然很重要，但这些都是次要的，只有找到了思路，才可能想出解决问题的办法。我们平常训练的都是如何解决问题，而发现问题的能力，更是我们应该培养的。

三天的理工大学冬令营很快结束了，但它给我的经验与收获是长远的，我也将把自己在理工大学的收获更好地与自身生活结合，让这次冬令营变得更有意义。

学子感言

一足一印，初踏商海

——G2014 届　贾培新　王心彤　郭羽凡　陈华秋

我们时常怀着单纯的梦想憧憬未来，想着我们将从事的职业，想着自己为自己设立的人生目标。工作，对我们来说，意味着一种新的生活，一种新的状态。在对未来抱有期望的同时，我们的心里也会生出一份小小的不安，正是这份不安，让我们选择在真正步入社会之前，先体验一下工作的真意；正是这份不安，让我们选择在真正步入社会之前，行走北京，关心社会。

初入职场

G2014 届九班的一组同学来到好伦哥，穿上制服，进行了培训，收起了玩乐的学生心态，站在那里就颇有一种正式员工的样子。在工作中，她们从不适应到适应，从不敢下手、翘着兰花指尽可能少地接触餐余垃圾，到有序而迅速地分类垃圾、清理桌面……到最后，她们甚至得了职业病，在一圈圈的巡视过程中不看路，眼睛直勾勾地盯着盘子，有空盘子就笑脸相迎地问顾客不要收走。在好伦哥工作的一天中，她们付出了很多汗水，也收获了许多感悟。她们曾经以为这份工作很轻松，觉得“最简单的工作就是这个，它模式化，不牵扯个人情感”；但经过了一天的历练，她们都对自己之前的想法产生了怀疑。其中一位同学在谈及这一天的工作时说：“累是挺累，到后来真是饿得走路速度都放慢了，转一圈就看一次表，每次看都觉得表坏了。”尽管她们又累又饿，但对她们来说，这只是一天的职业体验，对服务员来说，则是常态。中午吃饭要到两三点，在工作中要一直站着……

不可否认，对于我们这些娇生惯养的学生来说，这样的生活是辛苦的，但正如参与者所说的那样：“在对未来的期待中，我忘记了‘辛苦’二字。”

三班的一名同学来到公司的财务办公室，体验了一把会计的工作。会计的工作很烦琐，记账、对账、做报表……他们整天与数字打交道，按照那位同学的说法，就是“满眼都是一连串的数字，记了一阵账，就觉得眼花缭乱，连数字是几位都看不清了”。正如我说的，我们的辛苦仅仅是一天的辛苦、一时的辛苦，我们参加职业体验，也仅仅是为了预先体验一把工作的酸甜苦辣；而夜以继日在职场上打拼的人，却要天天应对这些令我们头大的事情。或许，工作正是这样一笔坏账，付出要多于收获，但这正是我们无法逃避的必然，我们能做的，是更多地付出，并且适应这种生活，以期得到更多的收获。

我们写了那么多关于志愿者的英语作文，当真正成为笔下的主人公时，又是否能令自己满意，收获一段难忘的时光呢？G2014届九班的一组同学走进国家大剧院，当了一回志愿者。指路的工作看似不难，处理好每个细节实则不易。有位同学描述道：“有的观众会主动上前问你，可有的观众会东张西望不知道怎么走也不去问你，这个时候，我会主动上前，亲切地和他们打招呼，然后给他们指路。有的观众还会问一些我不知道的问题，例如地铁乘车路线、演出档期安排等，这个时候，我只能笑笑说不好意思我不太清楚，您可以问一下前台服务人员。”简单的交流与体验后，最为重要的不再仅仅是克服心理障碍，而是通过人与人之间的交流，获得内心的成长。那一刻，这些志愿者们，是国家大剧院里最普通也是最有成就感的人。当我们不纠结于付出与回报的比例时，满足就已经在用一张笑脸赢得尊重和感谢中悄然来临。

G2014届十班的一组同学也初踏中国科学技术馆进行了为期一天的志愿服务工作。经过职业培训后，穿上一身正式工作服的他们，收起了平日的浮躁。这一切都告诉他们：真正的工作才刚刚开始。面对枯燥的岗位、工作专业性强等问题，同学们及时调整心态，在老师和工作人员的帮助和带领下，逐渐领悟了一些工作的方法，并渐入佳境。

这是一次非凡的经历，一次强烈的心灵击荡。每一天都是新的开始，每一个新的开始都掌握在我们的手中，有多少繁花满枝，就会有多少飘零秋叶，而我们需要的便是以适应为原则，以坚持为信念，以严谨为方法，以倾注为核心。不要假想成功时的光环，低下头踏踏实实做事，有时就是那份心，让量变产生了质变。

与此同时，十班的另外两名同学也来到了北京龙庆峡“2013冰雪情——中韩缘文化节”的活动，开始了五天的活动准备工作。在办公室中接电话、打电话，安排车辆、座次，在冰灯展览现场维持秩序，热情招呼游客体验活动，耐心讲解……虽然小插曲不断发生，但真正的魅力也就在于此。在不断遇到挫折的过程中，他们懂得了完美与换位思考的真正内涵，真正体会到了如何像一个正式职员般投入工作。她们说：“没有志愿者和正式职员之分，他们会拿我们当真正的职员一样对待。”我们都肩负着各自的使命，无论自己多么渺小，总有一个角落会为我们搁置，生命应该有所坚持。

G2014届各班的社会实践活动也各有特色。三班同学的社会实践内容丰富，涉及领域广。何璇同学走进银行家杂志社，探秘杂志出版流程，了解一位责任编辑的日常生活；汪和佳全面了解了服装设计师的工作，感悟到“无论多么让人羡慕的职业背后总是浸透着汗水”；王君、吴雨晨、陈雨菲，走进医院，帮助病人，了解前沿医学科技；张邯北走进勤务连，与战士们同吃同睡，体验军训之外的别样军风；吴昊天小组来到北京市毛麻丝织品质量监督检验站，学习各种检验设备的使用方法，用实践检验认识；陈博走进中国科学院遥感与数字地球研究所，了解公众对污染信息查询系统设计，还提出了自己的方案。

行走北京

四班同学走进天使之家，陪伴患有先天性疾病或变为孤儿的孩子们，同时希望更多人可以尽自己的微薄之力帮助他们。一班汤子毅、张仲奇、张泽昆重走曹雪芹小道，去西山“取经”，体会到了古人翻山越岭的执着与艰辛，感受到了自身未被发掘的潜能。五班全体同学来到了北京航天城，了解了中国人如何实现飞天梦，以及中国航天人长久以来所付出的辛勤劳动和他们能吃苦、能奉献的伟大精神。

北京的雾霾天气使得PM 2.5再一次被推到社会舆论的风口浪尖。八班部分同学在为时一上午的活动中，顶着凛冽的寒风，向行人发放针对PM 2.5及当前北京环境状况问题问卷。尽管受到不少行人的“横眉冷对”、不理不睬，但同学们萌生了责任意识，增强了社会责任感。“勿以善小而不为，勿以恶小而为之”，八班同学用自己的点滴行动，为绿色北京贡献出了自己的一分力量。

六班和二班同学展开了以“品味文化、感受文化、健康成长、独立自强”为主题的社会实践活动，参观了故宫、国家图书馆、南锣鼓巷等文化气息浓厚的特色景点。七班的同学来到了郭守敬纪念馆、地安门、北京人艺博物馆等进行参观，时间在这里老去，也依然在这里回荡，传统文化与风俗更会在时间的淘洗后永远地传承下去。

十班同学深入首都博物馆文物修复中心，一探文物修复的奥秘。在首博，十班同学不仅看到了琳琅满目的展品、各种各样的文物，而且感受到重温历史、感受历史的博大之感。从商周时期久藏地下的青铜器皿，到汉唐时期精纯明净的玉器，再到明清时期辉煌至极的瓷器，这是历史的印记，是时代的标志，更是我们现代人了解过去的有力工具。文物修复工作是平凡的，因为它没有镁光灯下的无限闪耀，但它又是伟大的，它是现代与历史的桥梁，可以说，没有文物修复工作者背后的付出，就没有展厅中唯美多彩的文物。文物修复是历史的修复，虽然十班同学由于技术原因在这次职业体验中没能亲自进行文物修复工作，但望着那些在工作台前或打磨或上色的勤恳身影，他们感觉如同站在文化长河的上空，浏览着那些几百岁、几千岁的古老文明，心中不论有怎样的情感，在那一刻都被历史的厚重所震撼，只留下一份感动、一份澄净。

《荀子》中讲“不闻不若闻之，闻之不若知之，知之不若见之，见之不若行之”。无论是探索高端科学知识，还是经历社会实践课堂，都能够让我们站在象牙塔上远眺，远眺社会中形形色色的人群、各种各样的职业，以及我们五彩缤纷的未来。

在“一足一印，初踏海潮”的浅酌中，G2014届的同学们体味了待人接物的职场素质、严谨踏实的科学态度、社会打拼的艰辛与坚韧。他们，在实践中成长。

第六章　执着

信念　进取　恒心

校长寄语

苏轼曾说："古之立大事者，不惟有超世之才，亦必有坚忍不拔之志。"这种坚忍不拔的意志就是永不放弃的执着精神。一批批功成名就的八一人皆有一颗执着之心，对成功的追求有着"吹尽黄沙始到金"的坚毅态度。

"锲而舍之，朽木不折；锲而不舍，金石可镂。"圣人先贤告诉我们，只有凭着一股执着的意志，才能成就一番伟业。2015 年 10 月，我国首位获得诺贝尔生理学或医学奖的女科学家屠呦呦，简简单单的那一句"因为做了一辈子"，道出了她对中医药一份执着的爱、一颗坚守的心。她淡定的话语背后彰显的是理想实现的意志以及生命重生的信念。在她的获奖致辞中，"让我以另外一种方式，守望终生热爱的土地、守望青蒿的浓绿、守望蓬勃发展的中国中医事业"的言辞，更让人为她义无反顾的执着品格所折服和震撼。

八一学校提出"执着"基因，就是希望每一名八一学子能够对学习、对生活、对人生理想拥有持之以恒的顽强毅力和百折不挠的进取精神，做一个最具专注精神、最具坚毅品格的执着之人。

执着名言

骐骥一跃，不能十步；驽马十驾，功在不舍。锲而舍之，朽木不折；锲而不舍，金石可镂。——《荀子·劝学》

长风破浪会有时，直挂云帆济沧海。——李白

贵有恒，何必三更起五更眠。最无益，只怕一日曝十日寒。——毛泽东

一个人只要强烈地坚持不懈地追求，他就能达到目的。——司汤达

信念是鸟，它在黎明仍然黑暗之际，感觉到了光明，唱出了歌。——泰戈尔

无论做什么事情，只要肯努力奋斗，是没有不成功的。——牛顿

拼着一切代价，奔你的前程。——巴尔扎克

一、走进基因——坚定守信念，坚毅筑成功

【执着内涵】

执着的本质是坚持或不懈努力，它最能够体现军人的品格和作风。八一校训中的“开拓无前”以及八一精神中的“艰苦奋斗”就是告诉学子们要有坚忍不拔、锲而不舍、全力以赴、持之以恒的执着精神。执着的内涵是信念、进取与恒心，体现的是一个人的理想驱动力、高昂战斗力和坚定意志力。一个重信念、勇进取、有恒心的人必然大有作为。

执着的人是一个重信念的人。信念是一种斗志，更是一种敢于求胜的气魄。

执着的人是一个勇进取的人。进取是一种力量，更是一种永不言败的精神。

执着的人是一个有恒心的人。恒心是一种品质，更是一种耐得住寂寞的毅力。

执着者，如天行健，刚毅坚卓，方能达己所愿。执着站在学校的“昨天”，是战士们为争取国家解放，一往无前、永不退缩的斗志；执着站在学校的“今天”，是学子们为中华崛起而读书，只争朝夕、永争优秀的决心；执着站在学校的“明天”，是建设者们为实现民族复兴的中国梦，全力以赴、永无止境的精神。

从 2014 年到 2015 年，整个美国教育学界被一种全新的教育理念所席卷，这就是“Grit”——坚毅。“Grit”的原义是沙砾，是坚硬耐磨的颗粒。坚毅就是执着，其含义远比毅力、勤勉、坚强都要丰富得多。“Grit”是对长期目标的持续激情及持久耐力，是不忘初衷、专注投入、坚持不懈，即便历经失败，依然能够及时调整自我、激发斗志，坚守下去。

【主题立意】

八一学校将十一月设立为“执着月”。执着月的确立主要源自吉尼斯世界纪录日（11 月的第二个星期四）、中国记者节（11 月 8 日）、世界青年节（11

月10日)、国际科学与和平周（11月11日所属的那个周)、世界学生日（11月17日)、诺贝尔奖颁布与颁奖期（10月—12月)、期中考试、学校书香节等。执着主题旨在借助十一月的几个重要节日，使学生培养认真学习、崇尚科学、追求进步的执着信念，了解每个不断刷新世界历史、取得人类卓越成就的人们所拥有的执着精神，了解那些在维护世界和平和社会发展中而不懈努力的人们所怀有的执着意志，在他们的鼓舞中成为有信念、有志向、有恒心的新时代青年。

学校围绕“执着”基因，开展了主题教育活动，三年的活动主题分别为：

第一年度：“砥砺执着的军人品格，修炼优秀的成功习惯。”通过主题活动，培养学生对生命、对学习、对美好生活、对成功、对优秀品行、对优异成绩执着追求的精神。作为部队创办的学校，军人身上所彰显的执着品格、所展示的过硬素质，尤其值得广大学生去学习，去砺炼。本年度重在结合学校的历史，让学生从军人身上感受执着的品质，并以军风军纪为标准，强化行为习惯的修炼。

第二年度：“执着月里建树成长信念，书香节里畅品文学精粹。”通过主题活动，让学生养成读书的好习惯，培养学习的持久耐力，坚定学生的执着信念，建树学生的执着精神。十一月里诞生了众多古今中外的文学巨匠，借助期中考试和书香节的契机，组织丰富多彩的书香活动，唤起学生“阅读、悦读、越读”的品书热情。本年度重在将读书作为培养执着品质的主要手段，让学生知道执着的精神首先体现在学习上。

第三年度：“执着的诺贝尔，卓越的亚太圈。”通过主题活动，让学生了解我国与其他走在先列的亚太国家在科学成就上的差距，在领悟中转化为持之以恒不断成长的动力，激励自己为实现中华民族伟大复兴的中国梦而不懈努力。每年的10月到12月也是诺贝尔奖颁布的历史时刻，最能够展现坚持追求共同发展，始终聚焦科技进步的执着精神。本年度重在提升执着的境界，从第一年的习惯养成，到第二年的学业进步，到第三年的信念建树，让执着的品格将人的发展同国家的发展紧密相连。

二、演绎基因——执着月特色活动

泰戈尔说："信念是鸟，它在黎明仍然黑暗之际，感觉到了光明，唱出了歌。"执着的前提首先是拥有一份信念，并且在这份信念中充满乐观和自信。因为这个信念，它让一个人有了不断前进的力量。

八一学校的执着活动，将理性思考与感性诉求相结合。理性方面，知道在哪些事上要执着，为什么执着，如何做到执着；感性方面，能够从榜样身上去感悟，从优秀事迹中去体会，从自己身上去反思，从而激发内在生长的动力，自觉、自发、自主地付诸行动，并义无反顾地坚守下去、执着下去。

活动 19：执着六部曲

执着是成功者所具有的一种必不可少的品格。这种品格的形成并非一日之功，而是通过将执着的信念转化为具体的行动，让其一点点加固，一点点累积而成。

为了培养学生的执着品格，八一学校特别开展了"执着六部曲"活动，让同学们在一个个科学系统的步骤中，体会执着的意义，培养自己的耐性，形成执着的精神。"执着六部曲"活动主要围绕第一学期的期中总结，让同学们设定成长信念、制订成长计划。

第一部曲："剖析"——正视自己。

学校利用期中考试后的学生会和家长会的契机，与同学们进行沟通，帮助学生了解自己。在这个过程中，老师们不局限于对学生成绩进行总结，而是与学生、家长共同分析成绩背后所暴露出的习惯问题，告诉每个学生要成为以下九种独立之人：

做一个有序的人，不杂乱无章，书桌摆放整齐，不要让找东西的时间比学习的时间还长；

做一个认真的人，不心不在焉，上课时专心听讲，考试时仔细审题，做作业时不一心二用；

做一个诚实的人，不抄袭作业，一切靠自己，不依赖父母、同学和电脑，不投机取巧；

做一个勤奋的人，不偷懒懈怠，积极思考、主动探讨、刻苦学习；

做一个约束力强的人，科学饮食，营养均衡，注意个人卫生，不吃不健康的食品，不熬夜；

做一个自理力强的人，主动参与家庭劳动，自己的事情自己做；

做一个意志力强的人，作息规律，锻炼持之以恒，没有“下不为例”；

做一个思考的人，通过思考激发出学习的兴趣；

做一个行动的人，通过行动调动起学习的乐趣。

第二部曲：“许诺”——点燃正能量。

在这个步骤中，学校通过启动仪式点燃正能量，让教师、学生和家长许下诺言，树立信念，坚定信心。启动仪式上，相关老师会宣讲校内外的优秀案例，感染和鼓舞更多的教师、学生和家长。

教师通过许下诺言，如每天高质量教好一堂课，每天至少和一个学生交谈，每天思考一个教育问题，每天写一篇教学心得等，明确教学工作改进的方向和目标。

学生通过许下诺言，如每天阅读一篇经典作品，每天理解并记住一个成语，每天思考一个学习上的问题，每堂课积极发言一次等，明确能够取得优异成绩所必须具备的成功习惯。

家长通过许下诺言，如每天和孩子做一次交心，每天告诉孩子一条新闻，每天同孩子做一件家务，每天同孩子讨论一个学习话题等，明确在砥砺孩子“执着”品格和修炼“成功”习惯的时候，自己如何去给予他们最大的支持和鼓励。

宣誓一学年后，学校会让师生和家长们共同见证承诺履行的情况，表彰执着之星。

第三部曲：“共勉”——集体的力量。

在启动活动的班会上，同学们会相互分享自己或者小组的“许诺”，互相借鉴，并在活动过程中，通过张榜的方式相互激励。

在整个活动过程中，学校更注重培养学生的自我监督、自我管理意识，使学生在没有老师、家长监督和管理的情况下能够主动坚持到底，获得不同的成功体验，从而在未来的学习和生活中能够复制这种成功！

第四部曲：“践行”——自我管理。

为了达成自己的目标，实现自己的承诺，所有学生要按照自己制订的计划付诸行动并做好自我记录。

老师在引导学生设定目标时会反复提醒同学们，在整个过程中，只有自己或者小组成员知道你是否在坚持，一切其他手段只起到激励而不是监督的作用。

第五部曲：“敦促”——个人与集体共同成长。

初中的各个班级设立“执着进度表”。学生自行选择敦促的方式，可以自己监督自己，也可以由小组其他成员监督考核，监督人要填写执行情况。进度表具体到每周，每项承诺都会体现在进度表中，作为监督考核的内容。

高中的各个年级设立《执着成长手册》。同样以“周”为一个监督考核周期，将自己的承诺内容填写在手册中，同时附上完成情况和反思感悟。

无论是“执着进度表”还是《执着成长手册》，都不仅仅局限于 11 月，而是持续一个学期、一个学年，目的就是评估自己的执着品质是否真的砺炼出来。

第六部曲：“揭榜”——成功体验。

一个学年之后，到了同学们进行活动成果展示的时候。学校会让学生和老师充分展示坚持这一年取得的成果，分享真实的感受。表现突出的师生会被评选为“执着之星”，同时会将某项成功习惯以获得该项殊荣的教师或者学生的名字命名。这个环节非常重要，成功的幸福感越大，对未来的影响力也越大，这也是中学时代非常重视的“成功教育”。

通过“六部曲”的尝试与体验，同学们经历了一个由自我约束、自我管理到自我进步、自我成长的过程。在坚韧意志的推动下，在成功目标的召唤下，同学们那颗执着之心受到了极大的鼓舞，在慢慢积累的过程中，成为一个拥有坚毅信念、拥有进取之心、拥有强大恒心的执着之人。

活动 20：亚太：执着的诺贝尔

2014 年 11 月，阔别 13 年的 APEC（亚太经合组织）会议重新回到中国北京。值此 APEC 会议隆重举行之际，借助 10—12 月诺贝尔奖的盛大颁布期，在学校来一场围绕亚太国家的诺贝尔之旅，无疑是对执着品质最好的诠释。

“亚太：执着的诺贝尔”活动就是以诺贝尔奖的颁布为契机，学习诺贝尔奖获得者身上的执着精神。诺贝尔奖的精神是什么？就是“义无反顾地执着于事业并最终取得成就”。

2015 年 12 月 10 日下午 4 点 30 分，全世界的目光从这一刻开始聚焦在斯德哥尔摩音乐厅。屠呦呦因开创性地从中草药中分离出青蒿素应用于疟疾治疗获得诺贝尔生理学或医学奖。这是中国科学家在中国本土进行科学研究而首次获诺贝尔科学奖，是中国医学界迄今为止获得的最高奖项，也是中医药成果获得的最高奖项。

屠呦呦的同事姜延良说：“她的身上有着超越常人的执着精神。这是科学家最重要的品质。”“执着”，是记者在采访屠呦呦同事时，听到他们用来评价她最多的一个词。正是靠着这份执着，屠呦呦从古代医书中找到青蒿，用这株看似普通的小草，拯救了无数人的生命。

和诺贝尔奖获得者屠呦呦一样，每一名诺贝尔奖获得者身上都有着一种对事业的执着精神。

我校“亚太：执着的诺贝尔”活动，首先以班级为单位，每个班围绕一个亚太国家，搜集这个国家最近几年的诺贝尔奖获得者的资料，包括生平、著作、格言等，了解诺贝尔奖获得者的奋斗经历、科研方向、执着精神等。

各个班推荐介绍该诺贝尔奖获得者的图书并组织学习。学生通过自主了解亚太国家获得诺贝尔奖的过程，锻炼自己的资料整合能力、文字撰写能力、表达能力等。根据搜集的资料，学生自主设计展板介绍该国诺贝尔奖获得者的成就及执着精神的 PPT 展板，参与“亚太：执着的诺贝尔”展。

在此活动中，各班级将参与活动组织的老师与学生分为资料搜集组、设计组和宣讲组。资料搜集组负责搜集整理本班负责国家的基本状况与获得诺贝尔奖的情况；设计组负责根据资料搜集组提供的资料，设计 PPT 用于班级分享，设计展板用于参与“亚太：执着的诺贝尔”展；宣讲组负责“亚太：执着的诺贝尔”展本班展板的讲解工作。

同学们通过了解亚太圈诺贝尔奖获得者的得奖历程，感受他们为了事业与梦想坚持付出的毅力，为实现梦想注入了强大动力。在诺贝尔奖获得者们强大执着精神的鼓舞下，同学们必将秉承着对梦想的向往，踏实努力地付出，从而赢得品质人生路上属于自己的“诺贝尔奖”！

活动 21：寻找校园“最强大脑”

21 世纪是知识经济的时代，但归根结底是人才竞争的时代。这一时代特点要求学校要培养出更多智慧型的人才，让他们拥有“最强大脑”，能够理性地分析与解决现实中遇到的各种问题。

拥有“最强大脑”的学生，通常都有着很强的学习能力。智慧是一个积累的过程，是一个需要持续学习与积淀的过程，在这个过程中，执着精神是非常必要的。

为增进学生的学习热情，学校通过四种方式，来寻找校园的“最强大脑”，以培养学生孜孜不倦的学习态度和持之以恒的学习毅力。

方式一：寻找校园百晓生

所谓百晓生，就是什么都知道，百事皆通的学生。主要通过多轮考题进行选拔。

第一关“初现锋芒”。第一轮共有二十道小题。每个小题由主持人念题，之后选手有 5 秒钟思考时间。时间到后，选手统一将答案写在预先准备的白板上，高举白板示意。主持人宣布正确答案后，由坐在一侧的学生会记录员负责记分。第一轮积分最高的五个组或个人晋级第二轮。

第二关“术业专攻”。第二轮共有十五个板块可供选择，分别为校史、天文、地理、历史、经济、生物、法律、生活、宗教、交通、医学、科技、娱乐、国学、体育。答题规则与第一轮相同，积分最高的三个组或个人晋级第三轮。

第三关“知识达人”。第三轮共有五个简答题，读题后选手将自己所知道的答案依次写在白板上，依次积分。第三轮比赛的简答题都是一些平时生活耳闻却容易忽略关注的生活题，所以其中的分数会参差不齐，意外翻盘是常有的事。积分最高的两个组或个人晋级第四轮。

最后一关“巅峰对决”。比赛进行到最后也就到了最激动人心的时刻。第四轮比赛未将题目打在 PPT 上，选手全凭听力从主持人的念题过程中找出关键点，加以作答。

在激烈的比赛后，“寻找校园百晓生”活动的状元也就此产生。这次比赛是一场智慧的交锋，一次思想的碰撞，在比分之外，最为重要的是学子对知识的态度。大学之大，终在学术，始终对知识孜孜以求，好学乐道，对这种精神加以褒奖与检验，才是百科知识竞赛体现的核心意义。

方式二：校园吉尼斯

吉尼斯世界纪录的精神实质是挑战极限、超越自我。每一项吉尼斯纪录的诞生，背后都蕴含了挑战者的执着信念与执着行动。正是因为他们在面对一次次的挑战失败后，仍然坚定信念，反复练习，最终才诞生了一个又一个的世界奇迹。

在执着月，学校开展“校园吉尼斯”活动，旨在让学生通过参加校园挑战项目，培养自身的执着之心，学会遇到困难和失败永不言弃，坚持到底。

在“校园吉尼斯”挑战赛中，八一学校开设了速记高手、心算王、低纬度穿越、魔方竞速、不碎的鸡蛋、精准射门手、颠球控、乒乓大挪移等多个项目，以开发学生的智力，锻炼学生的体力。

“校园吉尼斯”挑战赛，将成为八一学校的传统赛事，每年举办一届，参赛者不分年级、班级。吉尼斯项目可以自我申报，也可以学校确立项目。举办校园吉尼斯项目，就是为了增强学生的自我挑战、顽强拼搏、执着坚毅、抵抗挫折精神，让更多爱好极限项目的同学发挥特长，展现自我。

方式三：最美古诗词达人

中华古诗词源远流长、内涵丰富、语言精练。通过评选“最美古诗词达人”，可以夯实同学们的文学功底，拓展其知识面，提高其人文素养，增强其民族自豪感、自信心，进一步激发其爱国情感。最重要的是，让同学们懂得诗词积累并非一日之功，需要持之以恒。

第一关“腹有诗书：诗词接龙环节”。这一关主要考查选手的诗词储备量和反应速度。

第二关“先声夺人：抢答环节”。这一关比拼的不仅是同学们古诗词的储备量、熟悉度，同时也是心理素质、团队精神、战术的合理运用。

第三关“呀呀学诗：诗词创作演绎环节”。参赛选手会根据屏幕上出现的画面，即兴作诗。这一关考查的是同学们的创作才华，即对诗词掌握与理解的最高境界。

通过“寻找校园百晓生”“校园吉尼斯”“最美古诗词达人”活动，一个个拥有“最强大脑”的学生涌现出来。全校的同学除了对他们投以敬佩的眼光，对他们竖起大拇指外，还被他们执着的学习精神深深鼓舞——激励着自己不断丰实自己的知识底蕴，在积累中遇见那个智慧的自己。

三、感悟基因——执着月班级纪实

学习是一辈子的事，尤其在知识爆炸的时代，更需要执着的品格。十一月是最充满书香气息的月度，我们将引领同学们翻开书卷，和文字倾心交谈，同伟人心灵碰撞，与历史博古论今。我们将带领同学们乘坐“执着”的小舟，徜徉在知识的海洋里，穿行于文学的溪流中。我们将为同学们插上“执着”的翅膀，飞往求学的领空，飞向智慧的天堂。不为别的，只为做一个专注于学业、职业和事业的执着之人。

高二 9 班：书香飞扬，伴我成长

【精彩拾贝】

同学们正值青春年少、风华正茂之时，是积累知识不可多得的阶段。在书本逐渐被屏幕取代的年代，很多同学忽视了对经典图书的阅读。

为此，学校开展了“让书香飞扬”读书会活动，并赋予了该活动更现实而深刻的意义——呼吁大家读经典，并把阅读作为一种习惯坚持下去，让同学们通过品鉴书目，提高文学功底和鉴赏能力；通过读书分享，培养读书习

惯和顿悟意识，进而在潜移默化中培养其执着学习的精神和态度。

高二9班参与了学校首届读书会，在师生的共同努力下，八一学校首届读书会取得圆满成功。整个活动分四周完成：

第一周：高二9班按照中国古代、中国现代、外国古代、外国现代进行了书目的推选，并在第二周进行了全年级范围的问卷发放，确立了每个人必读的10本名著，确立了读书会的研读书目《穆斯林的葬礼》。

第二周：组成30人的阅读小组，对《穆斯林的葬礼》名著进行部分章节的阅读。

第三周：在图书馆的语文阅览室开展读书讨论会。主持人先简单地介绍了一下故事的情节，然后就书中的人物和民族习惯进行了提问，同学们都争相回答。

第四周：对于书中人物梁冰玉进行深入解读，由此展开辩论。同学们按照自己的理解分成两个阵营，正方认为梁冰玉是一个敢爱敢恨、大胆追求爱情的现代女性，反方则认为梁冰玉过于追求自我而对家庭不够负责任。刚开始大家还十分矜持，后来大家纷纷拍案而起，直抒胸臆，气氛好不热烈。同学们通过这样的辩论，一方面锻炼了自己的思维和表达能力，另一方面也对人物形象有了更深入的理解。

【真情流露】

十一月在浓浓的书香节中匆匆而过，正如高二9班读书会总结所写：执着本没有它该特别存在的某个月份，执着应该像血液一样注入我们的身体，带着从书籍中汲取来的养分，随着生命循环不止，促人成长。

作为一名学生，获取文化知识、提高文学修养是成为一名拥有民族情怀的中国人的首要条件。通过读书会活动，同学们懂得了，要热爱学习、尊重学习、终身学习，与书为友、与书同行、以书为鉴，让书声琅琅成为一种风尚，让书不释手成为一种习惯，让书读五车成为一种品质。

初二7班：品读人，朗读者

【精彩拾贝】

古今中外很多文学巨匠都出生于十一月，如我国的郭沫若、巴金、邹韬奋、朱自清、闻一多、丰子恺、钱锺书等；国外的席勒、马克·吐温、斯蒂芬·茨威格等。学校借助书香节的契机，让学生了解这些文学巨匠的文学造诣，从而使他们更加热爱阅读、热爱学习。

部分出生于11月份的文学巨匠名单

生日	姓名	身份
11.5	邹韬奋	中国政论家、出版家
11.7	阿尔贝·加缪	法国小说、戏剧、哲学家
11.9	丰子恺	中国近代散文家、画家、文学家
11.10	席勒	德国诗人、作家
11.11	费奥多尔·陀思妥耶夫斯基	俄国作家
11.15	霍普特曼	德国著名剧作家
11.16	郭沫若	中国现代文学家、学者
11.17	司马光	北宋史学家
11.21	钱锺书	中国学者、作家
11.22	朱自清	中国现代散文家
11.24	闻一多	爱国诗人、学者
11.25	巴金	现代文学家、翻译家
11.26	曾国藩	晚清散文“湘乡派”创立人
11.28	斯蒂芬·茨威格	奥地利小说家
11.30	马克·吐温	美国作家

初二7班幸运地参加了这次活动。同学们集思广益，将自己的智慧与热情投入到阅读中，以丰富的形式展现了世界文学的风采。在活动中，同学们用一张张制作精美的PPT，全面展示了文学巨匠终生不渝的奋斗史，执着的浓浓气息弥漫了整个校园。

书籍是人类进步的阶梯。阅读名著，能够提高中学生的修养。初二7班全班同学都参与到读名著的活动之中，营造了一种浓浓的书香氛围。为了使这项活动更好地进行，让更多的人行动起来，真正参与到活动中来，老师将同学们分成四个大组，把 11 月的 30 天分成四部分，一个大组分得 7—8 天。比如第一大组就从 11 月 1 日到 11 月 8 日期间出生的文学家中，选定几名喜欢的或者感兴趣的作家进行资料的搜集，以此类推。

老师对学生上交的资料进行研究后，召集四个组长开会，点评做得比较好的版块内容。大家集思广益，最后确定要呈现的 PPT 版块框架及具体内容、布局要求，包括每个文学巨匠要附有四个字的评价，每个文学巨匠要有签名，要用 2—3 张 PPT 介绍人物生平，要用 1—2 张 PPT 介绍人物主要著作，介绍 1—2 个轶闻趣事，分别列出其代表作品（例如小说、诗歌、散文、文学理论等），挑选经典篇目和励志名言等进行赏析。

初二 7 班的同学形成了 4 套文学巨匠 PPT，在电子屏上滚动播放。同时，四个小组推举一名同学，在初二年级范围内进行文稿撰写和播报，时间为早晨，时长在 15 分钟—20 分钟，每周进行一次播报。播报文稿不仅展示了同学们资料整理和文稿编写能力，更展示了同学们的语言表达能力。

最终，学校选出 PPT 文件及播报得票率最高的小组，进行表彰，并将文学巨匠的 PPT 文件及播报稿件进行整理汇编，成为初二年级书香节的资料。

【真情流露】

由于接受任务的时间正处于期中考试前的最后一周，为了不耽误学习，同学们努力在学校就完成当天的任务，回家后一心一意地研究、阅读。所有同学都非常重视这项学校交给的任务，同学们的责任心在这次活动中也得到了很好的体现。为了弥补自己的不足，不影响班级和学校，他们付出了很多的时间和精力。

通过这次活动，同学们阅读了许多世界名著，积累了丰富的文学语言，也明确了自己未来的阅读方向。同时，在集体共读的氛围中，同学们结交了新的朋友，班级也变得更加团结。

学子感言

执着下去，让优秀得以传承

——G2014 届 1 班　曹逸锋

在开学初，班主任马青老师问我们：你们心中的高三是什么样的？我们的回答无外乎是冲刺、拼搏这些词语，直到有一位同学说了一句："高三，是一种传承。"当时我感觉这个答案着实怪异，但是现在的我却发现，这个答案其实是很完美的。那么，究竟何为传承？

在暑假中，我和秦浩然同学有幸一同参加清华大学的暑期学校。在清华大学里，刘希拉教授问我们，清华为什么那么优秀？答案，其实很简单，教授告诉我们，因为清华培养了一批优秀的人才，这些人才让清华更加优秀，更优秀的清华再吸引更多的人才，这就是传承。也正是这种传承，最终成就了清华大学，这个无数人向往的学术圣地。

其实对于八一学校而言，道理也是一样的。只有传承，才能让八一变得更加优秀。曾有人问我：为何要学习。因为，学习让我更加接近我的梦想。不仅如此，我希望用我的好成绩成就八一的辉煌。或许你们并不明白我为何一定要这样做，一定要让八一变得更好。我想，当大家有机会和其他学校的人一起共事的时候便会明白。每一个人都希望自己的学校变得更好，每一个人都希望以自己的学校为荣。在清华的暑期学校里，八一学校和人大附中分在一个交流组里，他们在骨子里的骄傲让我们觉得压力极大。当我和秦浩然看到人大附中有 35 个暑期学校的名额而八一学校只有 2 个名额的时候，我和他本想选择沉默，但是我们没有。我们选择站了起来，理直气壮地告诉全部人，我们来自北京市八一学校。

为什么一定要这样？因为八一给了我们关爱、鼓励、支持。我们不希望将来的八一学子，在与其他学校同学共处的时候，感受到类似的压力。所以，我们想让自己变得优秀，让我们的优秀使八一变得优秀，让更加优秀的八一去拥有更多的优秀人才。这就是八一的传承。

我们是高三的学生，正在努力变得更加优秀。为何要拼命地学习？不光是为了自己，也是为了报答母校的一份信任，为了给母校留下一份更好的传承。学弟学妹们，尤其是初中的同学们，你们是八一的新鲜血液，是八一未来的希望。在学校，要为学校争光，出了学校，更要为祖国添彩。你们，是希望中的希望。

2013届的学长们走了，2014届的我们上，等我们走了，2015届、2016届的你们就会顶上。变的是人，不变的是优秀的习惯。

传承的火炬在我们高三同学的手上，这个火炬会一届传向一届。所以，我真诚地把内心的这段话送给每一个八一学子：学校已经给我们创造了条件助大家优秀，那我们就一定要抓住机会，自我蜕变，追求卓越，用我们的成绩书写八一的辉煌，用我们的优秀让八一更加优秀，像接力一样，一个传一个，执着下去，八一学校一定会成为这个时代最具品质的学校！

第七章　勇敢

勇气　理性　坚韧

校长寄语

八一学校是由中国人民解放军一手创办的学校，流淌着中国军人的血脉。勇敢，对于军人而言，是保家卫国、甘洒热血的精神；勇敢，对于新时代的青年人来说，是锐意进取、积极实践的精神。

中华传统文化对“勇”赋予了丰富内涵：“持义不掩曰勇”“投身为义曰勇”。孔子说：“智、仁、勇三者，天下之达德也。”他把智仁勇这三种品质称为“君子道者三”。站在教育的视角，陶行知也说：“智仁勇三者是中国重要的精神遗产，过去它被认为‘天下之达德’，今天依然不失为个人完满发展之重要指标。”

八一学校提出“勇敢”基因，就是希望每一名学子能够传承中华民族这一优良美德，在注重能力培养的今天，能够积极投身到学科实践和社会实践中，不怕挫折和困难，砺炼优秀的领导力、执行力和服务力。

勇敢名言

慎重者，始若怯，终必勇；轻发者，始若勇，终必怯。——苏轼

勇气就是一种坚韧。正因为它是一种坚韧，才使我们具有任何形式的自我否定和自我战胜的能力。——叔本华

人的一生中，最光辉的一天并非是功成名就那天，而是从悲叹与绝望中产生对人生的挑战，以勇敢迈向意志那天。——福楼拜

所谓活着的人，就是不断挑战的人，不断攀登命运峻峰的人。——雨果

勇气是人类最重要的一种特质，倘若有了勇气，人类其他的特质自然也就具备了。——丘吉尔

勇猛、大胆和坚定的决心能够抵得上武器的精良。——达·芬奇

勇敢里面有天才、力量和魔法。——歌德

勇敢是一种基于自尊的意识而发展成的能力。——拿破仑

一、走进基因——敢为天下先，迎难勇向前

【勇敢内涵】

勇敢的本质是敢为人先的精神或气质。敢为人先不是每个人都具有的气质，它体现了一个人的魄力与担当、智慧与能力、达观与坚守。

勇敢的人，敢于面对常人无法承受的困难和挑战，达到常人无法企及的高度。勇敢的人，有勇气、有胆量，无所畏惧、勇担责任，决策果断、行动果敢，勇气与机智双全。勇敢的人，坚持做正义的事、正确的事，而不在意别人的眼光。

勇敢的内涵是挑战、理性与坚韧，表现了一个人的血性、慧性和韧性。勇敢是培养一个人的果敢力、聪慧力和抗挫力。

勇气是开拓无前的气魄和敢想敢干毫不畏缩的气概，包含了不惧危险和困难、不推诿、敢作敢为、勇往直前、无所畏惧的气魄。

勇敢不是冲动的匹夫之勇，它包含了面对危险和困难时，能冷静面对、深思熟虑、谨慎行事、稳重处理。

坚韧体现了一个人的达观与坚守，包含了坚持、忍耐与善始善终、持之以恒、永不服输的气质。

如果仅仅用一个词语来描述中国人民解放军，这个词一定是“勇敢”，就是大无畏的精神——为了民族的解放冲锋陷阵；为了人民的幸福舍生取义。八一学校的校训“继往开来、开拓无前”传达的正是直面困难而无所畏惧的“勇敢”品格。“勇敢”旨在培养开拓无前的果敢力、深思熟虑的聪慧力和持之以恒的抗挫力。面对充满机遇与挑战的世界，让我们智勇双全，开拓无前，理性坚韧直面压力。

【主题立意】

八一学校将八月设立为“勇敢月”。勇敢月的确立源自建军节（8 月 1 日）、国际青年节（8 月 12 日）、八一三淞沪抗战纪念日（8 月 13 日）、日本正式宣布无条件投降日（8 月 15 日）、世界人道主义日（8 月 19 日）、暑假、

学校实践周、新生军训等。勇敢主题旨在借助八月的几个重要节日，让学生感受军人在捍卫国家领土、打击侵略者方面所体现的勇敢品格，以及那些为帮助别人而面临危险和逆境的人们所表现出来的人道主义精神；同时能够在暑期中积极投身各种社会实践，提升应对各种纷繁复杂事物的勇气和理智；在军训中，能够不怕艰难困苦，永葆军人一往无前的作风。

学校围绕"勇敢"基因，开展了主题教育活动，三年的活动主题分别为：

第一年度："智勇双全开拓无前，理性坚韧奠基人生。"通过主题活动，让学生在学习中具备勇敢的开创精神，不断拓宽自己的学路，对生活抱有勇于挑战的态度，让生命在不断攀岩与历练中闪闪发光。本年度重在让学生客观理性地看待勇敢对于当代学生而言意味着什么，那就是在学习上要勇于创新和实践，在生活上要勇于直面问题和困难，让勇敢精神伴随学习与生活的全过程。

第二年度："缅怀里，感悟军人的勇敢品格；成长中，磨砺自我的坚韧意志。"通过主题活动，让学生学习军人坚忍不拔的品格，感受他们英勇无畏的大气概，锻造自己坚忍不拔的意志力和忍耐力以及遇事不慌张的承受力。本年度重在以军人为楷模，从他们身上感受勇敢的品格，在超越学习和生活的基础上，将勇敢拼搏的意识贯穿到自我成长的征程中，端正自己做事的态度，知道如何行事、如何成事。

第三年度："致敬革命先烈，同沐胜利荣光——纪念中国抗日战争暨世界反法西斯战争胜利××周年。"通过主题活动，学习革命先烈勇往直前、冲锋陷阵的精神，感悟战争年代革命先烈的艰辛打拼，珍惜现在的美好生活，铭记身上肩负的使命，将革命先烈创造的和平圣火传递下去。本年度重在借助这一难得的历史契机进行革命传统教育，希望学生们能够走近英烈，缅怀先烈，树立爱好和平的强烈意识，同时也锤炼勇敢的品质，时刻准备去迎接各种挑战和考验。

二、演绎基因——勇敢月特色活动

丘吉尔说："你若想尝试一下勇者的滋味，一定要像个真正的勇者一样，豁出全部的力量去行动，这时你的恐惧心理将会为勇猛果敢所取代。"正所谓"勇者无惧"，伴随勇敢的必定是沉着镇定的心态、所向披靡的行动、使命必达的作风。

八一学校的勇敢活动，充分融入军人英勇无畏的精神实质，展示军人在训练场上的英姿和风范；充分顺应新时代青年敢于冒险的个性特征，展示勇者在困难面前的果敢和自信；充分结合中国人民解放军为民族解放伟大事业浴血奋战的革命事迹，展示革命老兵的英雄胆识和气概。其目的在于让学生在砺炼中成长，成为一名真正的勇者。

活动 22：砺炼一颗勇敢的心

八一学校是部队创办的学校，在新生军训方面，学校拿军人的标准来要求新生，通过让学生亲身经历严格的军训生活，体验军人的酸甜苦辣，从而懂得什么是铁一般的纪律，什么是真正的忍耐，什么是不屈不挠的意志，培养学生拥有一名军人所应有的勇敢品质。

八一学校的军训项目丰富多彩，既有校内训练项目，也有校外项目，其中，最具特色的是"正步与单兵战术练习"和"户外拉练"。

项目一：正步与单兵战术练习

正步与单兵战术练习是校内主要的训练项目之一。这个项目主要是齐步走练习，正步走摆臂、踢腿练习，匍匐前进练习。

在这项训练项目中，我们看到了同学们那颗勇敢的心，特别是在匍匐前进练习中，虽然同学们身上沾满了泥土，手臂被擦破了皮，但是他们都没有畏缩不前，而是像一头头小老虎一样，向着终点勇敢前去。同学们的脸上淌下了豆大的汗珠，他们互相鼓励，大声呐喊，为了最终的胜利付出了巨大的努力。

项目二：户外拉练

户外拉练是八一学校校外军训项目之一。在教官的带领下，同学们会走出校外，走向郊野，进行户外拉练。同学们组成一个个方阵，一路上由同学轮流举着校旗，每一个方阵都拿出绝佳的气魄，迈着整齐划一的步伐。同学们抬头是天空，低头是漫漫长路，眼前是群山连绵，身后是浩浩荡荡的队伍。在这段路上，同学们的心情是激荡的。

在拉练过程中，同学们真正明白了，脚步对于军人是多么重要。脚步，是军人的灵魂，迈大步象征着一个军人勇往直前的精神与决心，勇于迈大步，更是向未知领域宣战，并时刻准备迎接更大挑战的毅力与执着。同学们迈着坚定有力的步伐，勇敢地前进，迎接更辉煌的世界，成为一路上最美的风景。

如果说上面的两个项目彰显了“动”的风采，那么，军训日志则展现了同学们“静”的深邃。为了让同学们及时表达当天军训的感受，学校征集每个同学的军训日志，并且摘取精彩内容在学校网站的“军训专题”版块展现出来。通过写军训日志，同学们对勇敢基因的内涵有了更深入的理解。在2015年高一年级的军训中，高一2班的赵紫杉这样写道：“在军营里，我明白了什么是规矩，什么是集体，也懂得了什么是坚持，什么是团结。这几天下来，我变黑了，变瘦了，这些是能养回来的，但养成的规律的作息、坚忍的性格、强劲的耐力和不怕吃苦的精神是无法从我身上抹去的。”

同学们经过军训的历练，内心变得更加勇敢和坚强，就连家长们也看到了孩子们的成长。其中，有家长这样写道：

家长语录一：娃守军营娘守群，孩儿磨意志母磨心，师勤传照解众忧，军营家校是真情。

家长语录二：少男少女入军营，苦练九天换新颖，师生家长如一人，试看天下谁能敌。

从家长的反馈中，我们看到了孩子们的成长，看到了军训对于孩子勇敢品格的磨砺。同学们将英姿飒爽的身影留在了训练场上，更留在了他们青春四溢的年华中。

活动 23：我们去哪儿

为更好地凸显“军魂铸人”的办学特色，为“军魂铸人”特色课程丰富内容和形式，学校开展了“我们去哪儿”活动。该活动针对初高中年级不同学生的身心状况，开展不同的活动项目。初中年级主要开展“24 小时生存体验”项目；高中年级主要开展“48 小时生活体验”项目。“我们去哪儿”活动通过组织学生参加野外定向越野、野外宿营、野外生存技能训练等，很大程度上提高了学生的野外生存能力。

初中年级：24 小时生存体验

“24 小时生存体验”是初中年级勇敢月的固定项目。在 24 小时内，初中学生要完成野外定向越野，行程为 5 公里，强化学生的身体素质；野外搭建宿营帐篷，让学生学习一项生存的技能；自建炉灶，自购粮食、蔬菜，自做饭菜，提高学生的环境适应能力和自主意识；军民联欢，围绕“爱国、卫国、强国”三个板块展开，增强学生的爱国情感；野外宿营，进行自我管理，增强学生的自我管理意识；课程结束后，每个学生根据生存训练主题，撰写小结。生存体验一方面强化了学生个人的生存技能，磨砺了意志品质；另一方面增强了班集体的凝聚力。

高中年级：48 小时生活体验

都市的快节奏生活，加之繁重的学习压力，使得学生的生活被各种目标、要求禁锢着。同学们在繁忙的学业中，很难有机会真正和伙伴们一起外出进行一次“只属于自己”的旅行。只靠自己的力量，到底能走多远？又会发生什么样有趣的故事呢？

“48 小时生活体验”是一场只有具有勇气才能完成的成长之旅。该活动成员由七名小伙伴组成，他们要进行一次由自己支配的旅行。在这场“生活体验之旅”中，同学们在 48 小时之内到达目的地后，还要自己想办法赚钱解决饭食问题和住宿问题。这次勇敢的旅途，让学生们真正脱离了父母的庇护，学会了独立生活；让同学们认识了真实的生活，锻炼了自理能力，磨砺了勇敢意志。

在“我们去哪儿”活动中，不管是初中年级的学生还是高中年级的学生，都会在途中遇到过各种各样的困难，可贵的是，同学们并没有被困难吓倒，而是依靠团队的力量，找到战胜困难的办法，最终在生存体验和生活体验过程中，让自己变得愈加勇敢。这些珍贵的点滴在他们漫长的人生路上写下了难忘的一笔。

活动 24：重走抗战道路，致敬抗战老兵

现在的和平年代是无数革命先烈用鲜血换来的，他们舍生取义的勇敢精神值得每一名青少年学习。勇敢的革命先烈是一座座灯塔，照亮每个人前进的道路。八一学校肩负着培养学生爱国使命的责任，在勇敢月，学校开展“缅怀抗战老兵”活动，让同学们不忘历史，永远铭记革命先烈用鲜血和生命铸造的丰功伟绩，永远铭记那些前赴后继、一往无前、英勇顽强、不怕牺牲的革命英雄，永远铭记那段血火交织、可歌可泣、催人奋进的历史。

“缅怀抗战老兵”活动分为三个环节：慰问老兵、重走抗战之路、参观抗战纪念馆。

环节一：慰问老兵

“慰问老兵”这一环节，主要由高中试点班的学生完成。他们通过网络或者发动社区力量，寻找抗战老兵，并对他们进行专访，感悟他们身上的勇敢品质，听他们讲述个人经历和抗战往事。学生采集整理“口述史料”，以纪实文学和 PPT 等形式汇编成集。专访结束后，他们为老兵们佩戴亲手制作的“胜利花”，以表示对老兵的崇敬之情。

环节二：重走抗战之路

“读万卷书不如行万里路”，活动育人最好的方式就是让学生亲历，特别是对学生进行勇敢品格的教育，更需要让学生走出校外，亲自体验当时抗战老兵所过的生活，走一走他们走过的革命之路。

八一学校带领学生去往河北省易县狼牙山，让同学们慎终追远，缅怀先烈，重走抗战遗迹，重温抗战故事，向五勇士纪念碑敬献花篮，带领学生参观狼牙山五勇士陈列馆等，让同学们了解华北抗战史及狼牙山五勇士的英雄事迹。

通过重走抗战路，同学们真切感受到了抗战勇士坚贞不屈、无所畏惧的

英雄气概，这对学生们的内心是一次强烈的冲击，从而增强了内心的勇气，增加了勇往直前的信心。

环节三：参观抗战纪念馆

中国人民抗日战争纪念馆坐落在七七事变发生地——北京市卢沟桥畔宛平城内，落成于 1987 年。基本陈列由 3 个综合馆、3 个专题馆（日军暴行、人民战争、抗日英烈）和 1 个半景画馆组成。截至 2014 年，馆藏各类文物达两万余件（套）。

同学们在经历了老兵慰问和重走抗战路后，对抗战史有了比较深入的认识，此时回到抗战纪念馆进行参观，会别有收获。同学们对照片和文物不再是走马观花，而是每看到一幅照片、一件文物，都会驻足凝视，陷入深思。

9 月 3 日，是中国人民抗日战争胜利日暨世界反法西斯战争胜利纪念日。70 个多春秋前，不屈不挠的中华民族，经过多年艰苦卓绝、前赴后继的浴血奋战，终于让正义战胜了邪恶、光明战胜了黑暗、进步战胜了反动，驱逐了侵略者，赢来了和平与自由的新时期。身在新时代的青少年，要倍加珍惜来之不易的和平，学习革命先烈的勇敢无畏，并传承他们的思想和精神。

三、感悟基因——勇敢月班级纪实

每当看到新中国一步步走来的艰苦卓绝的革命历程，都会被战士们保家卫国的顽强斗志所震撼，都会被老百姓的奉献精神所折服，都会被华侨友人曲线救国的爱国情怀所感染。学生的勇敢精神也在一次次的精神洗礼中日渐形成和强化。勇敢对于学生而言，就是勇于实践，越挫越勇。勇敢，让同学们内心的魄力逐渐增强，让雄心壮志不断激发，让如火的生命变得更加有力量。

高二 6 班：祖国！勇气！

【精彩拾贝】

火红的八月，汇集着火的色彩；深情厚谊的八月，抒写着年轻人的情怀；热情奔放的八月，洋溢着青春的气息。在这个如同金色铸成的季节里，高二 6

班的同学们开展了以学校八月人才基因——勇敢为主题的军事博物馆参观活动。

作为一所具有部队基因的学校，最应该继承的是军人的勇敢品质，最应该了解的是军队的发展史，最应该领略的是伴随新中国成立和中国梦实现而日益发展壮大的军事兵器。参观军事博物馆，带给学生们最震撼的两个词是：祖国、勇气。

中国人民革命军事博物馆筹建于 1959 年，是向国庆 10 周年献礼的首都十大建筑之一。军博的基本职能是收藏、研究、陈列反映中国共产党领导的军事斗争历程和人民军队建设成就的文物、实物、文献、资料以及反映中华民族五千年军事历史的文物、实物、文献、资料。军博陈列体系以军事历史为主，基本陈列共十个，分别是：古代战争馆、近代战争馆、土地革命战争馆、抗日战争馆、全国解放战争馆、新中国国防和军队建设成就馆、抗美援朝战争馆、兵器馆、中国人民解放军对外军事交往友谊馆、军事艺术馆。

进入博物馆大楼，同学们看到那些已经锈迹斑斑的兵器和珍贵的照片时，仿佛看到了那硝烟战火中奋起反抗敌人的革命先辈们，手握那些布满锈迹的武器，毫不畏惧地冲向了敌人。

接着，男生们开始对自己感兴趣的武器逐个了解，甚至稍有了解的同学主动向其他同学介绍起这些武器。而女生们也表示，通过这次参观对我国许多具有代表性的“第一”兵器有了初步了解，原来看似冰冷的兵器的背后都有一段绚烂的功勋历史。

随后，同学们参观了《历史不能忘记——近代以来中国人民抗击日本侵略展》，回望了那段悲惨的历史。参观过程中，不断有同学向英雄先烈们表达自己的感激敬佩之情，感激他们用自己的勇气和鲜血铸就了我们今天的幸福生活。

参观完毕后，同学们自发谈起了在今天这样的和平年代，应该怎样去证明我们的勇气，怎样去继承先烈的精神。今天，我们应该在生活中的各种小事中，勇于面对各种困难，努力攻破一个费解的难题，这都是对勇敢内涵的很好诠释。

【真情流露】

通过这次参观活动，同学们了解了革命先烈们用自己生命筑起的祖国钢铁长城的勇气，也懂得了身在和平安详年代的他们，在不远的将来，要用自己的勇气和行动去回报祖国，去回应先烈们所做的一切。

对于同学们来说，这次参观活动不仅是对历史的回顾，也是一个警示——同学们虽已远离战乱，但无形的较量仍在继续，我们要像前辈们一样，努力学习，并积极地把所学的知识投入到科技研发之中，成为最强的战斗武器。

学子感言

致敬，最可爱的人

——初一年级少年先锋岗

抗美援朝时期时任战地记者的魏巍所写的通讯稿《谁是最可爱的人》发表后在全国引起广泛影响，因此“最可爱的人”成了志愿军的代名词。受其影响，“最可爱的人”成了人民解放军的代名词。

值此八一建军节来临之际，让我们一起瞻仰解放军战士们的英姿飒爽和无所畏惧，让我们一起学习解放军战士们的勇气和力量。

我们初一年级 18 名少先队员怀着对革命先烈的崇敬与深深怀念来到天安门广场人民英雄纪念碑下站岗。9 点钟，同学们准时上岗，在庄严肃穆的人民英雄纪念碑下，用自己挺拔的身姿、坚毅的眼神立正、站岗，向革命先烈表达敬意。

站在人民英雄纪念碑下，人民解放军英勇无畏的感人事迹历历在目：唐山大地震救援、九八抗洪、汶川大地震救援……多少次，解放军战士们保护了人民的生命财产安全，保卫了国家。面对那片废墟，脚踏那随时可能裂开的土地，他们没有想会不会有余震，只会忧心自己没能及时找到废墟下的人民，只会忧心自己是否来晚了一步；面对猛兽般的洪水，他们义无反顾地抗战在一线，即使知道那毫无人情的洪水即将狂奔而来，即使知道自己随时可能会被冲走，他们还是选择留下，因为他们知道，自己的背后，是人民，是那父母亲般的人民。中国解放军永远不会辜负人民和国家的期望。

我们终于明白“中国人民解放军”这几个字意味着什么——他们用生命来诠释。他们为国家抛头颅、洒热血，从未退缩过；他们积极投身于为人民服务的实践中，从未埋怨过。他们是撑起中国的脊梁，在那雪山之巅，在那南海之际，在中国那辽阔的国土的每个角落，都有他们的身影。

他们是最可爱的人！

八一学校是人民解放军创办的学校，我们作为八一学子，更需要以行动来体现我们对人民解放军的崇敬之情和传承之举。人民英雄纪念碑是铭记革命先烈不朽功勋的标志性建筑，少先队员为人民英雄站立先锋岗是展示当代少年不忘革命遗志、继承革命传统、传承民族精神、热爱伟大祖国的重要活动，是为实现中国梦而努力奋斗的具体体现。对同学们来说，此次站岗给我们留下了难忘的回忆，激发了我们好好学习、天天向上的不竭动力。

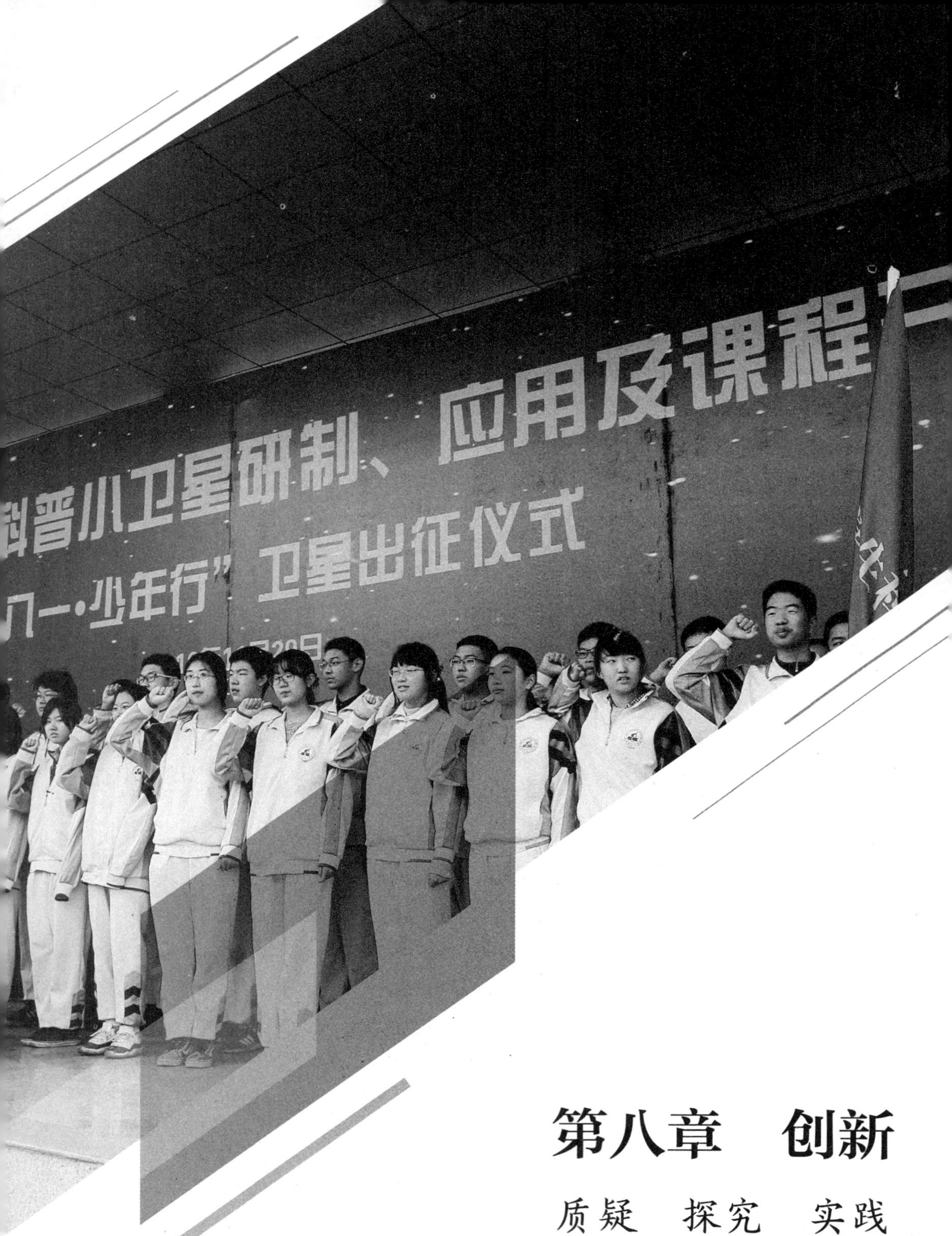

第八章　创新

质疑　探究　实践

校长寄语

随着创新驱动发展战略的确立，中国已全面进入大众创业、万众创新的新常态，教育也适时提出要着重培养学生的创新精神。八一学校早在2011年就确立了“国际创新人才”的育人目标，高度重视科技创新教育，将批判性思维、STEAM、工业4.0、学术写作等纳入课程体系之中。

《礼记·大学》中说道“苟日新，日日新，又日新”，就是倡导人们随时随地都要创新，时时求变、处处求变、天天求变、人人求变，唯有不断创新，才能持续发展。唤醒和点燃中华民族与生俱来的“创新”禀赋，是实现伟大复兴中国梦的不竭动力。

八一学校提出“创新”基因，就是希望每一名学子能够拥有创新的思维、创新的激情和创新的能力，敢于质疑、勇于探究、善于实践，为成长创造无限可能，为国家贡献无穷智慧！

创新名言

处处是创造之地，天天是创造之时，人人是创造之人。——陶行知

我们不能人云亦云，这不是科学精神，科学精神最重要的就是创新。——钱学森

不断变革创新，就会充满青春活力；否则，就可能会变得僵化。——歌德

人才进行工作，而天才进行创造。——舒曼

对于一个艺术家来说，如果能够打破常规，完全自由进行创作，其成绩往往会是惊人的。——卓别林

“创造”包括万物的萌芽，经培育了生命的思想，正如树木的开花结果。——莫泊桑

我们要获得现有的一切，而且要创造现在还没有的新事物！——高尔基

对于创新来说，方法就是新的世界，最重要的不是知识，而是思路。——郎加明

一、走进基因——拓思维之路，践创想之行

【创新内涵】

创新的本质是突破与改变，其内涵是质疑、探究与实践的统一。无论是创新第一人墨子“述而且作”的创新精神，还是创新开拓者陶行知“行知行”的创新思想，都清晰地诠释了创新的精髓，即创新就是观察力、思考力和行动力的综合体现。

质疑是创新的源泉，小疑则小进，大疑则大进。要树立敢问的精神，培养乐问的兴趣，找到会问的方法。

探究是创新的引擎，学而不思则罔。有探索才会有发现，有思考才会有思想，有研究才会有方略。

实践是创新的标尺，离开实践的创新是伪命题。实践的关键在于亲力亲为，实践的目标在于验证创想，实践的本质在于创造价值。

从来没有一个时代如今天般如此重视创新。因为有了创新，人们改变了积久养成的学习方式和生活方式，不需出门就能够网罗各种各样的生活用品，不需交费就能够学到众多名校的精品课程。创新让我们“静观大千世界，啄开未知之门，飞入神秘之宇宙，找到真理之夜明珠”。我们要弘扬创新精神，营造“处处是创新之地；天天是创新之时；人人是创新之人”的八一学校。

【主题立意】

八一学校将十月设立为“创新月”。创新月的确立源自世界空间周（10 月 4 日—10 日）、世界发展信息日（10 月 24 日）、学校科技节（10 月 22 日—26 日）等。创新主题旨在借助十月的几个重要节日，让学生了解当今世界科学技术发展的新趋势和新成果，通过“双创”平台中的创业论坛、创投大赛等，目睹中国最新的创业创新成果和成就，亲身参与科技创新等系列活动，将知识转化为创意，将创意转化为成果，提高学生的创造能力，培养学生的科学素养。

学校围绕“创新”基因，开展了主题教育活动，三年的活动主题分别为：

第一年度："创新月——让我们点亮智慧；科技节——让我们创造价值。"通过主题活动，教会学生"找问题""找方法""找体验"，激发学生渴望创新的兴趣与热情，引导学生实施创新的思路与方法，实现学生思维创新的价值。本年度重在让学生重新认识创新对于学习的重要性，并能够在科技节中去展现创新思维、呈现创新作品，逐步形成创新的意识和精神。

第二年度："航天精神聚兴邦之志，创新品质筑强国之梦。"通过主题活动，让学生了解国家科技创新的领域，懂得创新品质对国家发展的重要性，建树学生的创新意识，胸怀通过科技创新改变国家命运的崇高理想。本年度重在将创新的视角聚焦到航天领域，通过航天技术的发展，引发学生对科技创新的极大兴趣，在领悟航天技术带来国家实力提升的前提下，深刻领会创新驱动战略对国家发展的重要性，也从另一个角度去畅想、延续并践行作为航天事业奠基人聂帅的航天梦。

第三年度："走近创新导师，感受科学精神。"通过主题活动，让学生了解创新导师的心路历程，分享他们的成功经验，感受他们的人格魅力，激励学生继承学校的创新传统，学习科技工作者的科学精神，感受科学魅力，激发创新潜能。本年度重在让学生走近创新导师，走近科学家，认识到创新对一个人成长、成功的巨大作用，逐步从创新意识上升为一种科学精神，并能够在启发中引领自己的改变，把创新精神深深植入人生的成长履历中。

二、演绎基因——创新月特色活动

爱因斯坦说："想象力比知识更重要，因为知识是有限的，而想象力概括着世界上的一切，推动着进步，并且是知识进步的源泉。"未来的学生，不仅是知识的接收者，更应成为知识的创造者。创造的本质就是基于想象力之上的创新能力。

八一学校的创新活动，涵盖了精神触动、心智启迪、意识激发、思维锻炼以及实践体验、展示表达等环节，让创新精神的培养有一个科学系统的、循环上升的内在逻辑。八一学校有着天然的科技资源，在开展创新教育中，学校积极挖掘社会企业资源，将社会科技引入校园，真正让科技流动起来，让创新流动起来，让科技创新变为校园中“最时尚、最流行”的一种风尚。

活动 25：动静结合的科技盛宴

一个没有想象力的人，生活是缺乏色彩的，是缺乏乐趣的。如果没有创新的头脑，现在我们可能还生活在石器时代，生活在一个没有电的世界里。科技不发达的国家，经济就不发达，国力就不强盛。生活中处处有科技，我们的学校需要培养更多具有创新精神的新生力量。

为培养青少年的创新精神和实践能力，提高青少年的科技素质，鼓励优秀科技人才的涌现，八一学校将每年的十月定为“科技节”。每逢科技节，学校不仅邀请专家进学校开展讲座，让校园流淌静静的科技之声，而且还开展一系列的科技发明活动，让同学们迸发出灿烂的智慧火花。科技节，为全校学生带来了一场科技盛宴！

静态之声：创新导师进校园

八一学校以科技节为契机，促进学校科技创新导师制的建设，根据科技涉及的领域，例如航天、天文、生态、环保、能源、互联网等，逐步整合来自名高中、大专院校、高科技企业的优秀科技专家和人员，形成了学校创新教育的外部专家资源库，提升了学校整体科技创新的水平。

学校会将从事科学研究工作的科普专家作为创新导师请进校园，让学生近距离走近创新工作者，了解他们的心路历程，分享他们的成功经验，感受他们的人格魅力，激励八一学子传承学校的创新传统，学习科技工作者的人格精神，立志成为对国家、对社会有用的品质人才。

创新导师进校园的第一步，首先是确定导师。通过资源整合，学校为初一、初二年级选择了山西省科学技术协会正厅级巡视员，被誉为“跨世纪学科带头人”“创造教育名师”“创造星火传播人”“全民创造力开发优秀专家”“共和国科技之星”的关原成作为创新导师；为高一、高二年级选择了原空军指挥学院作战指挥系情报外军教研室教授陈洪作为创新导师。

为促成此次报告会的顺利举行，学校将参与活动组织的老师与学生分为联络组、现场控制组和宣传组。联络组与科普专家取得联系，沟通合作意愿，形成合作意向，确定讲座时间和报告主题。通过与两位导师的沟通，确定了关原成教授的报告主题为《创新实现中国梦》，陈洪教授的报告主题为《军用飞机与现代空中作战揭秘》。

在听报告的过程中，同学们不仅掌握了一些有关科技创新的知识，更重要的是感受到了创新导师身上的人格魅力，这对同学们建树科技梦想起到了一定作用。

动态之火：绽放科技活力

在科技节上，学校通过高科技设备展示与体验、学生科技作品展示、环保竞赛以及跳蚤市场等方式，充分发挥各类活动的特性，让同学们感受科技的魅力，在体验中感悟创新，在创新中感悟成长。

在教师的细心指导下，同学们积极参与，完成的主要活动内容为：

活动主题	活动内容
学校科技节主会场活动	科技节开幕式，校长等领导为科技节致辞，小火箭展示等其他主会场活动
攻防对抗大赛简介	“抛石机”与“城堡”的攻防对抗赛
初二年级再生资源回收箱设计竞赛	再生资源回收箱设计和制作以及科普短剧演出，科普短剧以“生态校园我先行”为主题，制作的再生资源回收箱必须作为道具出现，演出人数不限，时间为 8 分钟，演出场地在礼堂
飞行模拟器及跳蚤市场	飞行模拟器体验，让孩子们感受到驾驶飞行器的乐趣；同学们自己组织小型跳蚤市场，出售一些闲散的物品
升高的硬币竞赛	两个人组成一个小组，利用提供的材料制作一个尽可能高的纸结构，结构只能接触地面（裁判阅读：结构可以粘在地上）。在结构搭建成功后将一元硬币放在顶端，保持硬币不掉至少 10 秒钟

在这场动静结合的科技盛宴中，同学们在创新导师的引领下，既对科技创新进行了深入的思考，培养了创新意识，又在实践中体验到了创新的乐趣，提升了实践能力、团队协作能力。在一个个妙趣横生的比赛中，同学们领悟了团结的精神，收获了胜利的喜悦和珍贵的友谊，更为重要的是科学精神在每个人的心中慢慢滋养与生发。

活动 26：古生物化石展

古生物化石，是人类史前地质历史时期形成并储存于地层中的生物遗体和活动遗迹，包括植物、无脊椎动物、脊椎动物等化石及其遗迹化石。它是地球历史的见证，是研究生物起源和进化的科学依据。古生物化石不同于文物，它是重要的地质遗迹，是我国宝贵的、不可再生的自然遗产。

科技节期间，学校花费了巨大心力，与中国第四纪冰川博物馆取得联系，并沟通合作意愿，达成合作意向，将古生物化石请进校园。同学们通过近距离听讲解员的讲解、观看大型纪录片、聆听专家报告等，在目睹震撼的冰川化石中领悟科学精神，感受科学魅力。

因为化石展览场地占地较大，布展人员提前来到学校进行场地选择。整场化石展主要分为三个环节。

环节一：讲解员讲解

同学们第一次在学校见到如此庞大而珍贵的化石，感到特别惊奇。冰川博物馆派了一名讲解员为同学们进行讲解，着重介绍了包括鸵鸟蛋、恐龙蛋、三叶虫、猛犸象牙等化石及各种大小不同的冰渍石实物标本，为同学们介绍了冰川知识及冰川资源现状。同学们目不转睛地盯着化石，耐心地听着讲解员的讲解，眼睛里充满了对科技的向往。

环节二：观看大型纪录片

同学们在观看了静态的化石后，又通过观看大型纪录片了解到动态的化石形成过程以及考古学家是如何挖掘及鉴定恐龙化石的。在观看考古学家鉴定恐龙化石时，同学们个个挺直了脖子，在了解到世界最大的恐龙化石从头到尾约 40 米，身高约 20 米，相当于 7 层楼那么高时，顿时传来一片片震惊声。

环节三：聆听专家报告

为了让同学们深入了解古生物化石的相关知识，增加他们对化石的探究兴趣，学校邀请古生物化石方面的专家为同学们进行科普教育，重点向同学们介绍了古生物化石的分布规律、古生物化石鉴定的初级知识、古生物化石保护条例等。

在创新月，学校将如此庞大的古生物化石请进学校实属不易。在三天的古生物化石展览中，每天都有许多同学们前来参观。在一次一次的观察和聆听中，同学们了解了不可再生的自然遗产，也对生物和地理学科产生了浓厚的兴趣。这次活动激发了他们对化石的探究乐趣，也让他们对成为一名真正的科研人员所需要的专业态度和创新激情有了更深的认识和理解。

活动 27：走进中科院，走近机器人

1957 年，比尔·盖茨毅然弃学，创立微软，成为个人电脑普及革命的领军人物；40 年后的今天，他预言，机器人即将重复个人电脑崛起的道路，点燃机器人普及的“导火索”，这场革命必将与个人电脑一样，彻底改变这个时代的生活方式。我们站在时代的节点，一个崭新的产业——机器人，即将崛起。

中科院自动化研究所是经过几代自动化所人的奋发努力，目前已经发展成为集基础研究、应用开发于一体的新型科研机构。1999 年 9 月，自动化所首批进入中国科学院知识创新工程。全所围绕科技创新、科技成果产业化、队伍建设和人才培养、体制机制改革和创新文化建设等，开展了卓有成效的创新试点。八一学校在创新月联系中科院自动化所，为开阔学生的创新视野，建树创新精神提供了更广阔的平台。

学校选择了高一年级的 30 名学生，组成科学探索团，并对学生的自动化基础知识进行补课，让同学们对机器人的发展历程和原理有了初步了解。

同学们了解到，在漫长的发展历程中，机器人经历了三个发展阶段。第一代机器人，也叫示教再现型机器人，它对于外界的环境没有感知，不具有信息反馈的能力。第二代机器人，叫带感觉的机器人，这种机器人是类似人在某种功能的感觉（触觉、视觉、听觉等），和人进行类比，有了各种各样的感觉。第三类机器人，是智能机器人，只要告诉它做什么，不用告诉它怎么去做，它就能完成动作、感知思维和人机通信的这种功能和技能。

在“走进中科院，走进机器人”活动中，同学们参观了我国机器人领域内的前沿成果，进一步体验了机器人的制作过程，学习了初步的计算机编程知识，激发了同学们的科技创新兴趣。

在参观完自动化所后，同学们还与自动化所的导师们进行了座谈交流，了解自动化所科研人员的日常工作以及机器人的制作原理和制作工序，对机器人的制作技术有了比较清晰的认识。

机器人是创新领域的一个标志性成果，它融入了很多科技与信息手段，未来，它将影响到人类的生活方式和思维方式。作为承担着培养早期科技创新人才使命的八一学校，会持续为学生打造更多科技与信息平台，让学生了解到更多科技前沿动态和先进技术，逐步培养学生的科技信息素养，让学生的创新激情在接触与体验中点燃。

三、感悟基因——创新月班级纪实

求新求变是应对时代快速发展应抱有的态度。通过创新月的系列活动，我们首先要让学生学会做一个有与众不同的想法、有奇思妙想的创意人，让同学们在点滴的生活中迸发出奇特的智慧火花，点燃内心的创新火苗。其次要让同学们尝到创业的滋味，从如何开展“业务”，如何制作“可行性方案”，如何“营销”等问题解决中，知道创业艰辛的同时，更知道创新精神的宝贵。

初一 8 班：来自中关村的创新孵化

【精彩拾贝】

随着“大众创业、万众创新”的时代号角被吹响，“中关村”成了万众瞩目的地方。

八一学校正好处在中关村西区这一核心区，周围拥有众多创新型企业、孵化器公司、创客空间、众筹中心等，为学校的科技创新教育提供了得天独厚的资源。

以前，学校创新活动的开展总是跳不出教育领域，跳不出校园，今天，创新教育也要穿越边界，走向中关村这一广阔的科技天地。

初一 8 班接到了“来自中关村的创新孵化”这一活动，全班同学兴奋不已，对于能够自主策划与实施创新项目都已迫不及待。这项活动就是要发挥科技企业的孵化功能，培养我们的创意灵感、想象力和创造力。当然，由于是让我们自己去找孵化企业，因此，这项活动更主要的是培养我们寻找创业机会、善于沟通和表达等创业创新能力。

我们首先分成5个科技创新小组，每个小组要各自开展创新孵化活动。在活动开始前，班主任和班干部共同做了一次动员会，进行活动的部署，把活动分成前期准备、中期合作、后期展示三个阶段。

在前期准备阶段，首先要收集整理好企业的信息，包括联系方式和地址、企业相关情况等，总数要达到50个；其次将企业信息提供给5个小组，并且避免信息重复；之后就是各个小组制定电话沟通方案，核心内容包括活动背景、合作意图、开展事项、推进计划等；最后就是发动小组中的每个成员，与企业进行电话沟通，要在3分钟之内做简要陈述，确定合作意向和面谈时间。

中期合作从和企业面谈开始，要做好方案陈述，随机应变，不怕失败。最终，要与企业一起制定创新孵化项目的详细实施计划，共同完成创意产品的创意、研发和生产。

后期展示有两项内容：一是创意产品要展出或演示；二是请企业专业人士到班级做讲座，让全班同学共同分享科学技术。

电话沟通环节可谓困难重重，被拒绝的太多了，但同学们没有放弃，终于联系上了京航百慕高科公司。这是一家高新技术企业，致力于以航空新材料、新工艺、新技术为基础的系列高新技术产品的研究、开发、制造和销售。

与公司面谈至关重要，同学们准备了多个方案。第一个创新方案是制作远抛投石器，在生活中的具体应用为在发生灾难时，可以破门窗逃生。由于种种原因，这个方案没有通过。

第二个创新方案是利用公司的技术创新，共同开发软件，软件可以在日常生活中进行运用。京航百慕高科公司听取了我们的方案后表示愿意合作，非常支持和鼓励青少年做社会实践活动，这样，合作意向大功告成。

活动开始之初，同学们穿上特殊的无菌工作服，戴上防护口罩，在技术人员的带领下参观了京航百慕高科公司下属京航生物医学工程事业部的生产车间、技术部、实验室等，了解了生物医药的研制与研发过程，惊喜之外是震惊。

之后，同学们在技术人员的介绍与辅导下，了解了“人体植入物”产品的功能、技术参数、软件设计原理等，学习了人工关节产品的软件设计。

后期展示阶段，同学们邀请公司经理为全班同学做主题为“运用航空制作技术提高人类生命质量”的学术讲座，内容涉及航空成果及技术、人工关节制造、临床应用等。同学们第一次深入了解了关节设计的步骤。

活动最后，我们展示了软件的性能，还对整个企校协同创新的项目进行了深刻总结，包括成败分析、体验感受、经验分享、创新感悟等，同时与创新企业开展深度合作达成了意向，让创新孵化成为一种长久性的科技活动。

【真情流露】

由于是第一次自己寻找企业，可以说被拒绝的滋味很不好受。由此觉得创业不仅需要足够的智慧和能力，更需要一股永不服输、永不放弃的勇气。此外，我们也要感谢企业对学校创新教育的大力支持。

在与企业合作的两周内，同学们的科技兴趣被点燃，创造热情被激发，创新意识和创造思维得到了培养，更重要的是通过零距离倾听专家讲座，增长了见识，开阔了视野，培养了创新精神。

身处中关村西区是一种快乐与幸福，因为这片土地上散发着浓厚的科技创新的气息。我们相约，每年的此时此刻，都要走进不断发展壮大的科技企业，在领略科技创新成果的同时，不断提升自我的创意思维和创新能力。

学子感言

合作+创造=梦想

——G2016 届 1 班　张翊桢　闫劭彬

一个秋天的回忆，一段科技界的故事，一个看似古老的项目——投石机，却造就了一段难忘的传奇。

暖暖的秋日下，一个绿色的沙包在空中划出的一道完美的抛物线，让围在赛场两边的人群沸腾了。那台红色的投石机成为所有人瞩目的焦点，而所有制作人员也随之兴奋起来。

十几个小伙伴，一堆长长短短的木料，一些叫不出名字的工具和材料，我们就这样聚在了一起，只为了同一个梦想——创造更强的投石机——而共同努力。

独自漫步在操场上，路过那一片熟悉的地方，仿佛还能看见当初制作投石机的情形——我们第一次用起了沉重的锤子、锋利的锯子，开始那些以前想都没想过的任务。和那些冰冷的钉子与粗犷的工具相比，我们的手是如此的细腻和柔弱，以至于无法很好地驾驭它们。不过十分钟，锯歪的木料、钉歪的钉子横七竖八地摆在大家面前，小伙伴们擦着汗水，看着自己的“大作”，憨憨地笑了起来。

这是我们面对的第一个挑战，也是从这一刻起，我们真正认识到了这项任务的艰巨，但同时也更加坚定了我们为之奋斗的信念——为了这一次创新的旅程。

我们一起钉钉子，一起锯木板，根据每个人的特长练习不同的内容，一起讨论、交流，逐步熟悉掌握了全部工艺，做出了明确的分工。

几天前还喧闹的走廊如今分外安静，但耳边依然回响着那些熟悉的声音。

“哎呀！立柱歪了！”“不行！快停下！”“快点先把皮筋松了！”“这可如何是好啊！”……

几个小伙伴七嘴八舌的叫嚷声依旧回荡在楼道里，那红色大骨架上固定立柱的钉子由于皮筋巨大的拉力而脱离了原有的位置，立柱向内歪倒，明显是不堪重负了。

这可急坏了小伙伴们，如果不能找到支撑固定立柱的好方法，那么就没法上皮筋，如果没有皮筋做动力，那么整个方案就面临着彻底失败的危险。

紧要关头，大家并没有过多关注这个令人揪心的后果，而是埋头寻找解决方案。“不如卸几根皮筋试试?”“不行，那样力量就不够了。”“再加两根立柱分担一下?”“这皮筋劲儿这么大，再加两根也不会有啥效果吧?”以往看到骨架的表情总是发自内心的自豪，而如今这笑容却无论如何也展现不出来了。或皱眉，或叹气，或抿嘴，但是无一例外，目光都投向那个牵动着我们心弦的红色骨架。

紧张的讨论，终于有了结果：“在中间加一根‘工’字梁撑一下看看如何?”于是设计的设计、锯的锯、钉的钉，很快一根横梁就做好了。试一下，果然顺利地将皮筋上了上去，整个结构坚固稳定，一点问题也没有。

在手忙脚乱间，虽然每个人心头都捏着一把汗，脸上却充满了笑容。是的，不管这件事有多难，只要大家在一起，困难已经不算什么。

比赛前夜，我们集结在操场上，小伙伴们或趴或蹲，对投石机进行着最后的调试。低下头，去敲一敲钉子，踮起脚，去紧一紧皮筋，调一调摆杆的高度，缝一缝那绿色的沙包，一次又一次实验着发射，从三十米到四十米，又从四十米到五十米。黑夜慢慢笼罩大地，同学们终于从繁忙的工作中抬起头，最终完成了那一条完美的抛物线。

成功离不开团结。团结，让我们无所畏惧。成功离不开创造。创造，带给我们新的突破。正是团结与创造赋予平凡的材料以崭新的生命，为美好的梦想插上现实的翅膀，让我们有能力尽情追逐心中的目标。

品位篇

品位篇

蔡元培说："与其守成法，毋宁尚自然；与其求划一，毋宁展个性。"惠特曼也说："没有信仰就没有名副其实的品位和生命。"人生本来就是一种广义的艺术。每个人的生命史就是他自己的作品，内容丰盈的生命就是长久的、绚丽的生命，我们应以行为，而不是以时间来衡量生命。教育是浸润学生生命、陶冶学生情操、提升学生品位的过程。

人文素养与审美情趣是当代教育强调的核心素养，能够培育这些核心素养的，来自于优秀的文学经典、灿烂的艺术臻品和丰富的自然资源，它们是打开美好心灵的一扇窗子，是磨炼人性的一块最好的磨刀石。八一学校注重学生品位的提升，不仅专注于学生艺术技能的培养，更关注于艺术、文化和生态环境对人的品质、心境以及美好心灵的影响，真正实现"生态立人"的教育理念。

人文教育滋养心灵、情感和境界，人文教育能够让学生充分发现美、感受美、创造美和传播美。联合国教科文组织在它的一份研究报告《反思教育：向"全球共同利益"的理念转变？》中，特别提出未来教育应该以人文主义教育为基础，就是在强调人文性的培养。因此，八一学校将整个教育生态视同为对学生人文情怀的涵养，通过丰富多彩的人文类课程与实践活动，不断提升学生的品位和修养，为培养具有人文底蕴、生活情趣、热爱生命、崇尚生态、创造美好生活的人而不断努力。

第九章　阳光

乐观　热情　宽容

校长寄语

每一个生命都离不开阳光。凡是阳光普照的地方，生命就会茁壮成长、生生不息。阳光能够赋予一个人健康的心态、炽热的情感与达观的境界。八一学校被誉为“国际生态学校”，就是希望能够给所有生于斯、长于斯、成于斯的师生们创设一个充满阳光的人文环境。

阳光能够带来和谐，“乐人之乐，人亦乐其乐”；阳光能够带来发展，“受益而不觉，失之则难存”。阳光对于今天的人们更为重要，因为开放，他们面对的人际关系更复杂；因为创新，他们面对的事业挑战更巨大，因而，阳光就是他们必须具备的可贵品质。

八一学校提出“阳光”基因，就是希望每一名学子能够为明天的发展做好人格上的充分准备，积蓄蓬勃生长的正能量，让整个内心世界充满阳光。

阳光名言

生活中我们应该坚定不移地向前走，向前走是阳光，身后看是阴影。不断前行，才能收获更多的阳光。——何易芷

早晨，来自东方的光，让人温暖；中午，北上的阳，让人感到庄严。阳光就是一盏明灯，留在人们心中的是不灭的希望。——欧阳宇浩

太阳是上帝的生命，是诗歌，是光明。——拜伦

太阳，你是个大千世界的眼睛和心灵。——弥尔顿

一个人如能让自己经常维持像孩子一般纯洁的心灵，用乐观的心情做事，用善良的心肠待人，光明坦白，他的人生一定比别人快乐得多。——罗兰

地球上一切美丽的东西都来源于太阳，而一切美好的东西都来源于人。——普利什文

一、走进基因——汲取正能量，生命放光彩

【阳光内涵】

阳光的本质是身心健康，是指一个人不仅拥有健康的体魄，还拥有良好的心理素质和积极的人生态度。

阳光的内涵是乐观、热情和宽容的统一，培养的是学生的积极性、主动性和包容性。

乐观彰显了一种高度，表现了一个人积极向上、自信成长的人生境界。乐观向上，是一种高度的修行，更是一种积极心态的修炼！要化艰险为挑战，化困难为机遇，化压力为动力，使自己成为一个快乐自信的人！

热情彰显了一种热度，表达了一个人满腔热忱、乐于助人的人格修养。温暖热情，是一种热度的升腾，更是一种善良心态的升华！要化消极为主动，化冷漠为热心，化倦怠为激情，使自己成为一个善良热忱的人。

宽容彰显了一种大度，表现了一个人和睦相处、携手同行的人文情怀。和谐共生，是一种大度的丰实，更是一种共赢心态的丰厚！要化僵持为和缓，化摩擦为融洽，化计较为无私，使自己成为一个共勉共进的人。

阳光会让我们想到太阳，无论昨天经历了什么，今天的太阳依旧从东方冉冉升起，充满乐观向上的精神；太阳火一般的热度融化了人世间冰一般的寒冷，拥有温暖热情的品格；太阳普照大地，包容万物，体现和谐共生的追求。因此，阳光就是培养学生积极的心态、善良的心态和共赢的心态，做到乐观向上有高度、热情大方重热度、宽容豁达讲大度。

【主题立意】

八一学校将四月设立为“阳光月”。阳光月的确立主要源自世界地球日（4 月 22 日）、北京市爱鸟周（4 月 1 日—7 日）、北京市义务植树日（4 月的第一个休息日）、联谊城日（4 月 27 日）、学校体育节、生态节等。阳光主题旨在借助四月的几个重要节日，通过一系列强身健体、珍惜友谊、回归自然、爱护环境的活动，让学生拥有积极向上的心态，认识自然界中人类的朋友，

关注我们的生存环境，不断以宽容和热忱的心态结交更多的朋友，从而更加爱护环境、保护生态、珍视友情。

学校围绕“阳光”基因，开展了主题教育活动，三年的活动主题分别为：

第一年度：“开展阳光体育，促进身心健康，共筑生态家园。”通过主题活动，让学生在运动中激发热情、展现活力，锻炼强健的体魄，养成体育锻炼的习惯，拥有阳光的心态，学会乐观生活。本年度重在围绕阳光的身心开展，重在让学生们通过体育锻炼和心理成长，形成乐观的心态，拥有充沛的体力，并能够关注生态校园的建设，让生态校园不仅有外在的绿色之美、情境之美，更有内在的心灵之美、体魄之美。

第二年度：“沐浴阳光汲取光和热，护守生态传递情与意。”通过主题活动，让学生感知来自大家庭的温暖，看到人性的光辉和友善，锻炼积极主动的交往习惯，树立环保意识，努力创造和维护清新绿色的生态环境。本年度重在将阳光的内涵扩大，从自我走向与人的交往，从校园走向对外部环境的守护，让每个学生认识到阳光品格的塑造中蕴含着对人的宽容以及对物的善良。

第三年度：“托起常态蓝　力行环保风——做守护绿色家园的阳光使者。”通过主题活动，让学生增长环保方面的知识，认识到环境问题的严峻性和保护环境的紧迫性，树立自觉环保的意识，并且带着环保的使命感和责任感去解决环保问题，落实环保行动，弘扬环保精神。本年度重在阳光理念的落实，希望八一学子能以此为己任，为越来越多、越来越长久的“常态蓝”贡献自己的力量。

二、演绎基因——阳光月特色活动

罗兰说：“一个人如能让自己经常维持像孩子一般纯洁的心灵，用乐观的心情做事，用善良的心肠待人，光明坦白，他的人生一定比别人快乐得多。”不难看出，阳光的人不仅能够温暖别人，也能够幸福自己。

八一学校的阳光活动，从每个学子的自身出发，让内心有阳光般的温情，让身体有阳光般的活力；从自然和社会入手，用阳光的普惠之情去呵护人类的朋友，用阳光的激扬之力去关心生活的环境，让人与自身、人与人、人与自然、人与环境间都流露出真情实感，让整个世界沐浴在温暖的阳光里。

活动 28：360°校园足球

八一学校校园足球运动拥有雄厚的基础和优良的传统，早在 20 世纪五六十年代就已广泛普及。1997 年 5 月 27 日，学校成立了“翱翔足球俱乐部”，到目前为止俱乐部拥有从小学到高中的六支足球队。在北京市中小学校园足球联赛中，“八一翱翔俱乐部”几乎包揽了小学、初中、高中组的冠军，取得了骄人的成绩。

八一校友习近平总书记在 2012 年北京科技周上对沈军校长说：“足球运动在八一学校是一项非常有传统的项目。我在八一学校上学时，当时学校的足球队就已取得了优秀的成绩。希望学校要继续把足球队办好。”中国足协的领导也不止一次地表示，“真正校园足球的代表是北京市八一学校”，“八一学校是校园足球的典范！”

正是秉承强烈的振兴中国足球的信念，在《中国足球改革发展总体方案》出台的今天，在校园足球正式开启“国字号”并上升为“国家战略”的时代，八一学校制定了校园足球发展总体规划方案：以“体育育人”为宗旨，确立了“绿茵军魂、金色足迹”的发展理念，明确了“打造最具精神、最具开放、最具智能、最具典范的校园足球”的发展定位，提出了校园足球旨在培养有足球兴趣的品质少年、足球俱乐部旨在培养有绿茵军魂的足球少年的育人目标，并创新性地构建了“442”校园足球发展模式。在总体方案的指导下，八一学校成为国内第一个与国际著名足球俱乐部（包括荷兰海牙俱乐部、英国博尔顿俱乐部等）建立合作的学校。

如何开展校园足球？八一学校将视角放在了足球产业上。中国足球不仅在球技上落后于其他国家，而且专业人士缺乏。如果说中国要培养出一大批具有国际水准的足球裁判、教练、营养师、经纪人等，并实现“中办国际足联男足世界”的远期目标，那么校园就是培养早期足球专业人才的处女地。

于是，八一校园足球的发展有了清晰的思路：围绕现代化足球产业链，建设校园足球课程体系，开展校园足球 360°教育；贴合现代化足球产业链，打造校园足球社团。

在班班都有足球队、人人都有足球爱好的号召下，每个班、每个人都可以根据学校设立的课程和社团进行选择，八一校园的足球氛围正愈演愈浓。

学校开设的课程体系包括了必修和选修两种，共计 30 门课程：

基础必修课程	校本选修课		
足球基础知识	足球专业英语	足球经纪人入门	媒体运营及公关
足球基本功训练	葡萄牙语	足球品牌装备	足球健康管理与康复
足球游戏	西班牙语	足球场地建设及养护	足球 App 设计与开发
绿茵军魂专题教育	荷兰语	足球旅游与休闲管理	足球裁判实训
世界足球发展历史	足球竞赛规则	足球经济	足球周边产品设计
世界足球名苑	足球四大联赛	足球广告与公关	俱乐部会员管理
	足球技战术	足球新闻与传播	足球公共事业管理
	足球技术与信息分析	足球解说实训	足球记者实训

学校专门设立了丰富有趣的足球社团，共计 15 个：

序号	足球社团	社团方向（足球产业链）
1	足球裁判社	足球裁判
2	足球经纪人社	足球经纪人
3	足球解说社	足球解说员
4	足球记者社	足球新闻传播
5	足球教练社	辅助低学段足球教学
6	足球啦啦队	足球啦啦队舞蹈表演
7	足球理疗队	足球医疗与保健
8	足球装备社	品牌装备设计与导购
9	足球产品设计社	足球周边产品及各种礼品设计
10	足球服装社	足球服装的设计、裁剪与缝纫
11	足球管理社	俱乐部管理
12	足球公益社	足球公益策划

续表

序号	足球社团	社团方向（足球产业链）
13	足球广告社	足球广告策划
14	足球 App 社	足球相关 App 设计与开发
15	足球文化社	世界各国足球传统文化的学习与传播

360°校园足球以注重基础性、普及性和体验性为原则，让学生去体验足球产业链上的相关职业。在课程设置上与高等教育相关专业相衔接，在实施上走出去和请进来，利用大学教育资源，如专业师资、训练场地等，来校开课或开展联赛。校园足球既然是“体育育人”的一种途径，就必然要遵循教育规律，教会学生一定的知识和技能、态度和价值观，在奠定足球基础的同时，培养一种高尚的足球精神。360°校园足球给了学生一种看世界体育的视野和情怀！

活动 29：让鸟儿飞起来

根据化石材料的研究和推测，在过去约 13000 万年中，地球上曾有 50 万种鸟类。在自然演化的漫长进程中，绝大多数鸟类逐渐绝灭。鸟类的食性复杂，生活方式多样，栖息在各种生态环境中，是维护自然界生态平衡的重要因素；鸟类是整个动物界中对人类益处较大而害处极小的类群；鸟儿是世界上不可缺少的精灵，人类的许多发明创造都源自鸟类的灵感。基于此，学校引领学生在阳光月搜集自然界中鸟类生活照片及资料，建设并布置八一学校独具特色的“爱鸟走廊”——挂满鸟类自然栖息的照片并添加文字讲解介绍，同时悬挂学生亲手叠的千纸鹤——供同学们参观学习，增强同学们的自然保护意识和生态护鸟意识。

活动一开始，首先要进行前期的资料收集工作。班级分成若干个小组，每个小组都有具体的任务。“图片组”搜集各种鸟类的自然生活摄影作品。“资料组”搜集鸟类的生活习性、分布、保护鸟类措施等文字资料。“千纸鹤组”购买彩色图纸并折叠一千只千纸鹤，用小绳穿起来。“外交官组”负责选定“爱鸟走廊”的地点并与学校相关领导老师沟通活动意愿和方式。

待资料收集完，各个小组便进行“爱鸟走廊”的布置工作。“图片组”将照片或粘贴或用绳子悬挂在“爱鸟走廊”里。“资料组”将搜集的资料整理好后对应“图片组”资料进行阐释，与“图片组”共同完成内容的展示。“千纸鹤”组将折好的千纸鹤按“鸟之殇”“鸟之最”“鸟之友”等主题悬挂在“爱鸟走廊”上方。999 只纸鹤寄托着同学们护鸟救鸟的决心，它们在空中排成彩虹色的飘带，随风飞翔。“外交官组”负责给活动拍照留念，并记录其他同学参观“爱鸟走廊”的图片。

最后，同学们进行活动展示与反馈。开放式的“爱鸟走廊”供全校师生参观学习，并且特定年级的学生对其进行不定期维护。在“让鸟儿飞起来”活动中，同学们的爱鸟觉悟得到提高。希望同学们能够以身作则，为那些美丽的天使提供一片自由翱翔的蓝天。

活动 30：守护绿色地球家园

人类在漫长的历史发展过程中，依靠开发利用自然资源繁衍生息。在增强生产力、提高生活水平的同时，不可再生资源在迅速消耗。同时随着工业化的快速发展，地球上的水源、空气和土地遭到了严重的污染。生态系统失衡，环境恶化，灾害频发，水土流失加剧……人类面临着巨大挑战。所有这一切都在向人类发出警示：人类在破坏地球环境的同时，也在毁灭着自己。

“创新、协调、绿色、开放、共享”是“十三五”规划中明确提出的五大发展理念。其中，绿色理念，不仅关系到民众福祉，也是推动我国社会发展的“主色调”。“环境就是民生”“青山就是美丽”“蓝天也是幸福”，我国正坚持绿色发展理念，实施绿色发展战略，走绿色文明发展新路。

为了让学生们认识到生态环境面临的危机，八一学校开展了“守护绿色地球家园”的活动。这一活动具体分为三大主题：雾霾探究、八一无车日、低碳出行。

主题一：雾霾探究

学校组织全校学生观看柴静披露雾霾问题的纪录片《穹顶之上》，让同学们针对纪录片展开讨论学习，对热点问题 PM 2.5 的来源、危害等问题进行深入了解，探究“雾霾是什么”“雾霾从哪里来”“雾霾问题如何防治”三大问题。

通过探究，同学们认识到，雾霾是多种有毒的粉尘物质的混合物，它严重危害人类健康，具有高度致癌性，是当前人类的健康杀手之一。雾霾主要是由于污染排放，具体来源于三种途径：工业烧煤排废、民用烧煤排废、汽车（轮船）排废等。治理雾霾最主要的是减少排放。

主题二：八一无车日

学校围绕“世界地球日”开展系列环保活动，发出八一倡议书，确定“八一无车日”，号召八一学子和家长共同为首都环境做贡献。八一学校将“每年 4 月第三周的星期二”确定为“八一无车日”，号召所有家长当天上班、接送学生不开车，而是选择步行、骑自行车等方式，以实际行动为首都空气质量的清新贡献一分力量。

在阳光月月末，学校会评选出“阳光之星”与“阳光家长”，在班级、年级、校级范围内进行宣传。同时，在学校范围内以海报、展板等形式宣传环保生态理念，使学生在日常生活中养成良好的行为习惯。

主题三：低碳出行

在倡导低碳、健康、绿色生活的时代潮流中，低碳出行成为越来越多人的选择。对此，学校通过组织学生绿色出行，开启学生的健康生活方式。

在绿色出行之前，学校首先确定出行路线和出行方式。为响应“绿色出行”和“全民健身”的号召，各班学生在教师、家长的带领下，有组织地按照确定路线进行结队出行。出行方式可骑自行车、蹬滑板车、步行或跑步等。路线选择小“环京赛”路线（天安门—东三环—奥林匹克公园），全程 20 多公里，道路平坦且都在市区。

学生在老师和家长的带领下，有秩序、有组织地结队出行。同学们统一着装，形成了京城一道靓丽风景，起到了向全市人民宣传“绿色出行，健康生活”理念的作用。

“保护绿色地球家园”活动，让学生们加强了对大自然和人类社会的热爱，激发了学生热爱地球、保护环境的意识，提升了学生对自然生态环境的重视程度，呼吁学生从自我绿色出行做起，从清洁环境做起，建设生态家园。

活动 31：环保科技铿锵行

北京市八一学校被誉为“国际生态学校”，生态立人是学校的三大办学特色之一。学校开发了生态立人课程，帮助学生树立生态观，培养健康的心理、积极的情感和可持续发展的理念。其中，再生资源开发与生物多样性利用课程是学校的精品选修课程，开设此课程的目的是让学生学习到雨水回收、垃圾处理等相关知识，增强师生的生态文明观念和环保法治意识。

为了让学生落实环保行动，学校开展“环保科技铿锵行”活动，组织学生们参观科技类环保公司，体验环保新技术。同学们通过参观“生态岛”公司的废品回收循环系统，亲自接触企业工作人员的体验式学习，将科学的废品回收方式方法应用到日常生活中。

北京生态岛科技有限责任公司以“践行国企社会责任，促进首都环境安全”为企业宗旨，致力于打造中国最优秀的危险废物处置中心，致力于成为中国最专业的污染土壤修复服务商，致力于搭建凝聚中国环保人才的平台，是践行环保理念的优质企业。

老师先是组织学生们参观了生态岛公司的资源再利用循环系统。随后，生态岛公司的企业代表人员讲解公司文化和宗旨，学生进行了循环流水线体验。

生态岛公司的无害化处理部门经理还为学生们做了“无害化处理的社会意义”的主题讲座，为学生们介绍了无害化处理的三种方法：填埋、焚烧、堆肥。填埋，是大量消纳城市生活垃圾的有效方法，也是所有垃圾处理工艺剩余物的最终处理方法。当下，我国普遍采用直接填埋法。焚烧，是将垃圾置于高温炉中，使其中可燃成分充分氧化的一种方法，产生的热量可用于发电和供暖。堆肥，指将生活垃圾堆积成堆，保温至 70℃储存、发酵，借助垃圾中微生物分解的能力，将有机物分解成无机养分，经过堆肥处理后，生活垃圾变成卫生的、无味的腐殖质。

经理带领同学们参观并介绍了处置系统：焚烧系统、填埋系统、物化系统、废矿物油处置系统、废铅酸电池处理系统、含汞废物处置系统、电子废物及废旧家电处置系统。通过经理的介绍，同学们了解到，每个环保系统都是极具科学代表性的垃圾处理方式。

学校让同学们身临其境感受环保公司的环保技术，看到各项处置系统的运行机制，极大地提升了同学们的环保观念，促使其形成生态的学习和生活理念、生态的思维方式、生态的意识与情怀、生态的行为和习惯。

活动 32：镜头中的皇家园林

北京景点众多，虽人来人往，但是始终保持着干净、绿色的容颜，特别是作为有着显著人文景观特点的皇家园林，虽然历史悠久，却始终如新。我们要让孩子们感受到北京干净环保的景观特征，让他们在欣赏京城生态美景的同时，培养其热爱景观和保护景观的意识。

八一学校所处的海淀区是皇家园林相对密集的地区，特别是学校旁边的白家大院，原本是清代礼亲王府花园。面对这些丰富的历史资源、文化资源，我们要带领同学们感受北京皇家园林的独特魅力，让他们将巧夺天工的园林风光留存在镜头中，去细心体会园林的艺术之美。

学校为同学们设计了五个皇家园林采拍方略，让同学们全方位了解皇家园林的建筑形式及造园艺术，观看到经典景观的生态之貌。

方略一：故宫、景山

让学生通过采拍故宫、景山之景，了解故宫、景山的历史沿革和建筑布局，感受藏品的丰富和古代建筑技术的高超。

方略二：北海

让学生通过采拍北海之景，了解北海的历史文脉和建筑格局，探讨文化与自然、人与环境之间的关系，感受古人的智慧。

方略三：颐和园

让学生通过采拍颐和园之景，了解颐和园的悠久历史和恢宏建筑，感悟蕴含其中的古代思想观念。

方略四：圆明园

让学生通过采拍圆明园之景，了解圆明园的历史脉络和建筑风格，特别是残垣断壁，萌发为中华振兴而努力奋斗的决心。

方略五：香山静宜园、社稷坛、太庙、天地日月潭

让学生通过采拍香山静宜园、社稷坛、太庙、天地日月潭之景，了解其历史进程和建筑特点，认识这些景观独特的文化价值。

在同学们的一个个镜头中，皇家园林展现出的阳光之美留存其中，每一张照片都是京城一角生态的体现。选择不同采拍方略的同学回校后要进行分享，每位同学向全班同学进行 3 分钟的照片讲解，评选出 5 张大家心目中认可的照片，最终评选出一名“最美镜头奖”。

景观是城市的生态之眼，同学们通过认识京城皇家园林，渐渐对绿色北京、阳光北京有了更加深刻的感情，提高了感悟景观、珍爱景观、保护景观的意识。

活动 33：景区小医生

首都北京的大小景点，每年都会接待很多国内外的游客，随着游客人数的剧增，保护景区环境卫生和生态环境的任务异常繁重。鉴于此，学校号召一批学生志愿者争当“景区小医生”，用自己的行动美化景区环境，减少环境污染，同时树立起环保理念。

学校负责此项活动的老师提前和景区人员进行联系，表明了学校开展此次活动的目的，并和景区确定好了具体活动的日期和活动参与的人数等。活动开展前，学校将学生分为“调查组”“宣讲组”“护绿组”，并选出组长。“调查组”主要负责调查游客对环保问题的认识，了解游客是否有保护景区环境的意识。“宣讲组”主要负责向游客宣讲环保知识，并让游客参与环保条幅签名活动。“护绿组”主要负责检查和打扫景区卫生，修缮景区公共设施，还景区一个清洁的环境。为提高活动质量，学校还为参加环保志愿行动的学生准备了小红帽、绶带、签名条幅、调查问卷等。

在“景区小医生”活动中，学校将学生群体分为四个小分队，分别负责中心区、城西区、城东区、城北区的“景区医治”工作。

中心区小分队主要负责天安门广场、天安门城楼、国家博物馆、故宫、中山公园、景山公园的环保宣传与环境清洁工作。

城西区小分队主要负责北海公园、白云观、大观园、五塔寺、世纪坛的环保宣传与环境清洁工作。

城东区小分队主要负责雍和宫、孔庙、国子监、天坛的环保宣传与环境清洁工作。

城北区小分队主要负责鸟巢、水立方、国家体育馆、奥林匹克森林公园的环保宣传与环境清洁工作。

在担当景区小医生的过程中，同学们切实体会到了清洁工的辛苦，也认识到了保护环境的重要性，同学们用自己的实际行动参与环保，并号召更多游客关注环境，关注大自然。

三、感悟基因——阳光月班级纪实

“阳光”的品质基因要求同学们能肩负起推进生态文明建设的时代重任，从创建绿色和健康的生态环境做起，从爱护和珍惜身边的生态资源做起，从培养和践行个人的生态意识做起，用乐观的心态追求生活的清新，用热情的力量催生勃发的绿色，用宽容的姿态营造共生的和谐。让我们为生态校园增添一份阳光的情愫，在赏心悦目的月季花丛中感受生命的青春与旺盛，在欢快雀跃的飞鸟走廊里唤起对大自然的热爱和敬畏……

高一 2 班：市花月季进校园

【精彩拾贝】

2014 年 3 月，首都绿化办开展“市花月季进社区”活动。此次活动以加快推进美丽北京建设，为市民提供更加美丽、和谐、宜居的工作和生活环境为目的，采取媒体引导、市民参与、社区主导、政府支持模式推进。

在积极响应北京市绿化委和北京市政府的“市花月季进社区”活动中，八一学校贯彻“三季有花，四季常青”的活动方针，为学校引入含苞月季，打造生态校园，营造更自然美好的学习环境。其中，高一 2 班的同学在校园内种植北京市市花月季，开辟出了“市花花园”，将校园点缀得十分美丽。

活动开始前，高一 2 班将同学们分为“沟通组”“采购组”“物料组”“普及组”四个组。“沟通组”负责选取学校里适合或需要栽种月季的地方，并与学校领导及老师沟通活动方案；负责用相机记录下同学们的准备情况，与区林业局保持密切积极的沟通，共同推进活动进行。“采购组”负责从市场上采购含苞月季，购置一定量的移植肥料，并购置相应的向导牌。“物料组”负责准备移植月季所需的工具，如小铲子、浇水壶、耙子等。“普及组”负责搜集月季花种介绍和相关资料，制作向导牌立于月季花丛前供同学们参阅。

准备工作就绪后，活动进入了月季移植环节。“沟通组”负责协调移植时间，并组织同学在指定时间到达指定地点参与移植，安排维护好秩序；负责用相机记录下同学们的月季移植情况和成果展示情况；接待好市委及区园林局领导。“采购组”负责将从市场上采购的月季分配给参与移植的同学；配合区园林局的种植队，共同协助同学们移植。“物料组”负责把准备的工具分发给移植的同学，并在移植后负责花园的维护。“普及组”负责给参观月季移植的其他同学讲解月季花的相关知识，倡议保护、构建绿色的生态环境；配合区园林局进行新闻报道。

【真情流露】

高二 2 班的同学经过一起策划，一起布置，一起种植，最终一起看见月季花在阳光下盛放。这是一年来最能体会到同学之间的情意，感受到一个班级的温馨美好的时刻。

通过这个活动，学生们了解了现今花的种类和生存状态，让焕发活力的月季花为校园一角增添了色彩，传播了健康积极、乐观向上的“阳光”心态。同时，全校师生感受到了自然的魅力，走近自然，守护自然，携起手来，为打造一个和谐美丽的校园，甚至在将来打造一个生态社会、生态世界做出了自己的努力。这次活动引发了同学们对人与生态环境关系的深入思考，增强了学生的环境意识，改善了校园环境，还让大家了解了北京的名片——月季，体现了八一学校“阳光月”与“生态节”的主旨。

学子感言

在爱鸟中传递人间温情

——C2016届4班　刘乔慧　臧高原　周华毅

四月是阳光月，要展现我们青少年的阳光风采；四月已经到了春天，是鸟类最欢愉的季节；四月一日又是国际爱鸟日，我们决定布置一个爱鸟走廊，表达我们热爱阳光、热爱自然的阳光健康心态和追求。

首先，我们构思出了方案，用999只纸鹤做一条彩虹，寄托四班同学对鸟的爱心，同时用彩虹寓意人和鸟之间感情的纽带；在走廊两侧贴上灭绝、濒危、常见鸟类、鸟之最的资料和图片，引起广大师生对鸟类现状的深思和对鸟类的珍惜。当晚，活动负责人就将活动所需的彩纸和鱼线购买完毕。

第二天，为了工作的顺利开展，也为了让每一位同学都能参与其中，在同学们自愿报名后，我们将同学分为三个组：资料组，负责查阅鸟类资料和图片；制作组，负责做纸鹤和装饰走廊；沟通组，负责找地点、与上级沟通并总结活动过程。

期中考试结束后，制作组同学们并没有回家放松，而是聚在一起做千纸鹤。一下午四五个小时，十几个同学紧锣密鼓地“工作”着。尽管每个人都已身心疲倦，但大家互相鼓励，没有人打退堂鼓。夕阳西下，同学们终于完成了这项不可思议的壮举——999只千纸鹤完工了！

此后的每一天，我们都很晚才回家，为的是能把五颜六色的纸鹤编成漂亮的彩虹链。细细的鱼线穿起的不是一只只千纸鹤，而是我们爱鸟的心，是我们阳光的心。与此同时，沟通组也选好了地点——图书馆二层大厅。

当我们将成果带到图书馆大厅准备布置时，一个巨大的难题摆在了我们面前，那就是彩虹链缠绕在了一起。由于我们穿千纸鹤所用的鱼线细滑，解起来便格外费劲。但是同学们毫无怨言，终于，费尽千辛万苦，鱼线解开了。同学们开始分工合作：有的贴爱鸟标语，有的粘彩虹链，有的贴鸟类资料，还有的为忙碌的同学们记下最美的瞬间……大家有条不紊，干得不亦乐乎。那时总觉得时间过得很快，两个小时一转眼就过去了，天一转眼就黑了。

在活动过程中，虽然大家很累，但大家毫无怨言，依然每天坚持合作。我们收获的，不只是活动成功后的喜悦，还有制作过程中同学间日益深厚的友谊。有同学们在活动感受中这样写道：“四班的同学们是能吃苦的，每天放学，都能看到他们辛辛苦苦劳动的身影，教室里，满满的人，或三五成群，或独自忙碌，一切都是那么井然有序……”

这次活动让大家在这个集体中找到了一种不可代替的感觉，每个人都在出力，都在为这个班集体做出自己的贡献。

每当微风拂过，那悬挂着的一只只千纸鹤就会随风摇曳，仿佛真的被赋予了生命般在空中起舞。这一切都是我们四班同学的骄傲，是我们对鸟类的爱心凝聚而成的。为了唤起更多人爱鸟的决心，我们甘愿辛苦付出。为了一片人与鸟和谐共处的天地，我们无悔。正是带着这样的信念，我们才战胜了一切阻挡的困难，完成了这项不可思议的壮举。

第十章　文明

知礼　正行　明德

校长寄语

中国文明是世界上最古老的文明之一，其中礼乐文明又是中国古代文明的重要组成部分，其推广为道德伦理上之教化，构成了一个完整有序的社会政治文化制度。可见，文明是人类思想的荟萃，是人类心灵的寄托，是人类对万物之美的诠释。

中国自古是礼仪之邦。孔子有曰："人无礼则不生，事无礼则不成，国无礼则不守。"习近平总书记也指出，礼仪是宣示价值观、教化人民的有效方式，要建立和规范礼仪制度，利用重大纪念日、民族传统节日等契机，组织开展纪念庆典活动，传播主流价值，增强人们的认同感和归属感。这就是"道之以德，齐之以礼，有耻且格"。

八一学校提出"文明"基因，就是希望每一名学子能够吸收国内外古代文明和现代文明的精髓，做到博学多识、崇礼尚德、谈吐得体，成为文明大气的世界公民。

文明名言

不学礼，无以立。——孔子

礼，经国家，定社稷，序民人，利后嗣。——《左传》

恭近于礼，远耻辱也。恭则不侮。——《论语》

待富贵人，不难有礼，而难有体；待贫贱人，不难有恩，而难有礼。——《史典》

一个人的礼貌，就是一面照出他的肖像的镜子。——歌德

礼貌之风为每一个人带来文明、温暖和愉快。——诺·文·皮尔

文明的建立靠的不是机器而是思想。——诺曼·卡雷斯

一、走进基因——崇德正言行，尚礼涵修养

【文明内涵】

文明的本质是文化修养，它是一个人道德水平、价值理念、文明程度的外在表现，是在与人交往时所体现出的综合素质和内在修养。

八一学校认为，文明不仅仅局限于礼仪、礼貌和礼节，而且要求学生在知礼、守礼的基础上端正自己的言行、提高自身的素养，培养习礼守礼的亲和力、正身正气的吸引力和养心养性的辐射力，做一个懂礼貌、讲正气、有修养的高尚之人。

文明的内涵是知礼、正行、明德，表现的是一个人由低到高自我提升的认知过程。它要求我们首先要了解和继承中华传统美德，做到知书达礼；其次要规范和端正自己的作风，做到言信行直；最后要丰富和提高自身的文化素养，做到温文尔雅。

文明的人是知书达礼的人，他们善于学习和汲取各种健康的知识，让自己成为一个有文化的人；他们热切关注和了解相关的礼仪和礼节，让自己成为一个懂礼貌的人；他们在与人交往中表现出应有的教养，时时散发出“爱”的气息。

文明的人是言信行直的人，他们总是在不断地修正和改善自己的言行举止，做一个言语信实、行为正直的人。他们在与人交往中表现出应有的涵养，时时散发出“正”与“实”的气息。

文明的人是温文尔雅的人，他们注重自身素养的提高，不断净化心灵，升华心智，用生态的理念指引着自己的生活，让科学的精神主宰着自己的成长，成为一个态度温和、举止文雅、做事严谨的人。他们在与人交往中表现出应有的修养，时时散发出“严”的气息。

“大学之道，在明明德，在亲民，在止于至善。知止而后有定，定而后能静，静而后能安，安而后能虑，虑而后能得。”这句话的本意就是告诉人们要弘扬光明正大的品德，弃旧图新，达到最完善的境界。文明是华夏古国五千

年的精髓，它已经不仅仅指一个人的素质，更代表了一个国家的素质。因此，让我们每个人从文明做起，重塑大国的文明风范。

【主题立意】

八一学校将三月设立为“文明月”。文明月的确立源自“向雷锋同志学习”纪念日（3 月 5 日）、中国青年志愿者服务日（3 月 5 日）、国际消费者权益日（3 月 15 日）、世界水日（3 月 22 日）、国际消除种族歧视日（3 月 21 日）、植树节（3 月 12 日）、学校文明周活动等。文明主题旨在通过三月的几个重要节日，让学生重新认识新时代下的雷锋精神，理解作为一个合格公民所必须具有的文明意识和行为，了解社会文化生活和个人处世行为哪些是文明的，哪些是不文明的，从而拥有明辨是非的能力和价值判断的意识，养成高雅健康的行为和有礼有节的习惯。

学校围绕“文明”基因，开展了主题教育活动，三年的活动主题分别为：

第一年度：“树立言行举止新文明，释放正严实爱正能量。”通过主题活动，让学生了解传统文化中文明的内涵，不断积淀自身的文化底蕴，修正自身言行，提升待人接物的能力，提高自身涵养。本年度重在将个人的文明气质与学校的文明之风有机联系起来，让学生从关注自我的文明素养做起，逐步自觉地营造正严实爱的优良校风。

第二年度：“悟时代文明，促社会文明，看世界文明，塑社会主义核心价值观。”通过主题活动，让学生认识古今中外的文明形态，增强文化修养，拓展文明视野和文明胸怀，将社会主义核心价值观深入到学生的内心，培养具有文明素养的社会公民。本年度重在深刻剖析文明的范畴，将文明的视角从时代到社会再到世界，让学生在逐步开放的视域中认识文明、理解文明、践行文明并倡导文明。

第三年度：“鉴赏文明，体悟文明——品中国字画的传统风韵。”通过主题活动，让学生了解和体悟中华传统文明的内涵，感受中华文明的辉煌与风采，增强现代学生对中华民族的自信心和自豪感，提升自身的文明素养。本年度重在基于全面基础上的深化，让学生们在对中华优秀传统文化的鉴赏与体悟中，看到博大精深的中华文化对人类社会文明的巨大贡献。由此，学生的文明视野不仅具有了宽度，也有了深度和厚度。

二、演绎基因——文明月特色活动

罗斯金说："文明就是要造就有修养的人。"文明，不仅仅是一个存在于脑海中的名词，更是应该付诸实践的动词。文明，不仅仅是个人的事，也是全社会的事。

八一学校的文明活动，以小见大，从我做起，在养成良好的个人文明的前提下倡导校园文明和公共文明，在重视物质文明的同时提升精神文明，在了解优秀的人类文明的基础上弘扬华夏文明。

活动 34：环境 5S 管理

"环境 5S 管理"起源于日本，是指生产现场对人员、机器、材料、方法等生产要素进行有效管理。"环境 5S 管理"，具体包括：

一、整理（SEIRI），指工作现场，区别要与不要的东西，只保留有用的东西，撤除不需要的东西，目的是把"空间"腾出来活用。

二、整顿（SEITON），指把要用的东西，按规定位置摆放整齐，并做好标识进行管理，目的是不浪费时间找东西。

三、清扫（SEISO），指将不要的东西清除掉，保持工作现场无垃圾、无污秽状态，目的是消除"脏污"，保持职场干净、明亮。

四、清洁（SEIKETSU），指将前 3S 实施的做法做到制度化、规范化，维持其成果，目的是通过制度化来维持成果。

五、修养（SHITSUKDE），指培养文明礼貌习惯，自觉遵守各项规章制度，养成良好的工作习惯，目的是提升"人的品质"，成为对任何工作都讲究认真的人。

文明舒适的校园环境，是学校每一位师生共同期许的，也是需要每一个成员参与建设和维护的。八一学校试图将同学们带入到学校环境建设中来，让学生学会创造文明、守护文明、传递文明。通过让学生学习环境 5S 管理理论，全面提升学校的学习、生活环境，为师生打造文明舒适的教育教学环境。

学校秉持全员参与校园环境建设的理念，采用“承包制”的形式，让小学年级、初中年级和高中年级分别负责家庭文明环境营造、班级文明环境营造和学校文明环境营造。

小学年级：营造家庭文明环境

和谐的家庭环境是青少年健康成长的沃土。小学年级在家长的帮助下，参照“环境5S管理”方式，对家庭环境进行重整和改造。

同学们对家庭每个角落进行大清扫行动，让温馨的家变得一尘不染，对空间进行整体规划，精心设计每一个可以利用的空间，让家庭环境变得规整而富有新意。除此之外，学生在家中，在与父母进行沟通时，要注意言辞，文明有礼，增强同学们爱家、爱父母的情感。

初中年级：营造班级文明环境

初中年级的老师引导同学们通过“5S模式”营造自己心中的文明学习环境，打造班级特色。

班级文明环境的营造以班级为单位，通过讨论确定班级环境营造方案，利用教室内板报、壁画等载体营造干净、整洁、大气的班级环境。这种环境营造并不是在板报上体现文明的内容，而是对班级环境的整体规划与营造。活动最后，在初中年级范围内举办“文明班级评选”，增强同学对班集体的归属感，共同维护班级环境。

高中年级：营造学校文明环境

高中年级使用5S管理标准，打造整个学校的优良环境。通过礼仪队员的亲身示范，让同学们学习正确的礼仪规范。

对学校文明环境的营造，由高中年级按照班级划片，包干学校各块区域，对卫生情况进行整体打扫，并注意该区域的学生的行为，对不文明的行为说“NO”。在全校大会上，展示礼仪队的风采，并向同学们展示正确的礼仪姿态，利用年级会议或班会的机会，让礼仪队员为同学们上一堂礼仪课，教授同学们相关礼仪知识。活动最后，依照5S标准进行考评，对最为优秀的班级进行鼓励与嘉奖。学生在学习礼仪知识的过程中进一步了解文明礼仪的常识，规范日常言行。

通过营造家庭、班级、学校的良好环境，同学们不仅学会了小环境的整理方式，还懂得了如何保持清洁、如何文明用语、如何礼貌待人等，渐渐成为文明有礼的首都公民。

活动 35：正能量手环

“正能量”本是物理名词，出自英国物理学家狄拉克的量子电动力学理论。“正能量”的流行源自英国心理学家理查德·怀斯曼的专著《正能量》，其将人体比作一个能量场，通过激发内在潜能，使人表现出一个新的自我，从而更加自信、更加充满活力。

当下，中国人为所有积极的、健康的、催人奋进的、给人力量的、充满希望的人和事贴上“正能量”的标签。它已经上升为一个充满象征意义的符号，与我们的情感深深相系，表达我们对美好人性的一种期待。

文明，是正能量的表现之一。文明的形成，并不是一日两日之事，而是一种习惯的积累。培根说：“习惯是一种顽强的巨大力量，可以主宰人生。”叶圣陶先生说：“教育就是习惯的培养。”培养学生的良好行为习惯尤为重要，它是伴随学生一生的品质符号。

美国心理学家威廉·詹姆斯说过：“形成或改变一个习惯只需要 21 天。”为了督促学生养成文明的行为习惯，成为一个富有正能量的人，学校鼓励学生在文明月用 21 天的时间养成一项良好的行为习惯。当学生发现自己违反了规定后，自动将手环换另外一只手佩戴，直至手环能够在同一只手上佩戴 21 天为止。

学校组织各个班级对正能量行为进行了总结和概括，最终从以下五个标准来判断学生是否具有正能量，是否能够为学生贴上正能量标签。

标准一：看到师长同学是否每次都能做到微笑问好？

标准二：看到同学有困难是否每次都能主动伸出援手？

标准三：看到不良社会现象是否每次都能够积极制止？

标准四：看到家长烦心是否每次都能够耐心劝慰？

标准五：看到自己退步是否每次都能够鼓励自己迎头赶上？

依照以上五个标准，能够坚持 21 天的同学，将获得一枚正能量标签。并且，这份正能量将会发挥它的传递作用，同学们在完成每一次正能量任务后，都会承接其他同学的正能量，这样五枚正能量的标签将会在不同同学胸前流转。年度获得正能量标签最多的同学，颁发人人向往的正能量手环。

社会需要正能量，校园也需要正能量，它是一股激励人心的力量，是一缕轻抚心田的春风，让每一名同学都朝着成为一个富有正能量精神的人努力，并将身上的正能量传递出去，让整个学校富有生机，让未来社会富有希望。

活动 36：保护小水滴

水是一切生命赖以生存、社会经济发展不可缺少和不可替代的重要自然资源和环境要素。据科学界估计，全世界有半数以上的国家和地区缺乏饮用水，特别是经济欠发达的第三世界国家，目前已有 70%，即 17 亿人喝不上清洁水，世界已有将近 80%的人口受到水荒的威胁。我国人均淡水为世界人均水平的四分之一，属于缺水国家，每年因缺水而造成的经济损失达 100 多亿元，因水污染而造成的经济损失更达 400 多亿元。

为满足人们日常生活、商业和农业对水资源的需求，联合国长期以来致力于解决因水资源需求上升而引起的全球性水危机。1977 年召开的“联合国水事会议”，向全世界发出严重警告：水不久将成为一个深刻的社会危机，石油危机之后的下一个危机便是水。1993 年 1 月 18 日，第四十七届联合国大会做出决议，确定每年的 3 月 22 日为“世界水日”。

在阳光月，八一学校围绕世界水日，开展“保护小水滴”活动。2012 年，同学们自发组织并完成了关于“保护小水滴”的一个个创意环节。

环节一：“水”的国旗下讲话

同学们举行“关注隐形水，节约水资源”的国旗下讲话，提高全体师生对节约用水的强烈意识。

环节二：“水”的主题班会

各个班级自发组织“我谈身边的水”的主题班会，让同学们深入了解水资源，进而更加珍惜水、保护水。

环节三：“水”的节约倡议

同学们开展“我是中国青年，我珍爱水资源”的倡议活动，把关注水资源的公益活动从学校推向全国乃至世界，从而产生深远影响。

环节四："水·龙"阵

2012年3月21日，我校近千名学生排出象征成长和乐观的"水·龙"阵，以迎接第二十届"世界水日"的到来。活动现场学生们共同喊出"我是中国青年，我珍爱水资源"的口号。活动过后，同学们对"水"这一生命赖以生存、社会经济发展不可缺少和不可替代的重要自然资源和环境要素更为关注。

学校开展"保护小水滴"活动，就是要让全校师生乃至全社会引起对中国和世界水资源短缺问题的关注，最终养成节水、爱水的习惯。不积小流无以成江河，节水无小事，学生们在活动中渐渐懂得，保护水资源，要从自身做起，从身边的点滴做起！

活动37：最美的风景叫文明

作家卞之琳的《断章》中有这样一段文字："你站在桥上看风景，看风景的人在楼上看你。明月装饰了你的窗子，你装饰了别人的梦。"一个人的文明，就是一道感人的风景，我们每个人都要成为让人叹为观止的一道"风景"。

三月里有一个很重要的节日，那就是"3·15"消费者权益日。我们不去谈论作为一个卖家应该在这样一个节日里如何捍卫诚信，而是站在消费者的角度去倡导勤俭节约的良好品质，配合国家反"四风"，鼓励学生走向社会，传播倡导餐厅文明消费，以文明消费我力行的理念弘扬中华勤俭之风。

八一学校开展"文明我力行"活动，主要让同学们通过"文明用餐者""文明消费者""文明出行者"的角色体验，引导学生思考自己日常生活中的用餐情况、消费情况、出行情况，帮助学生树立正确的文明观，用文明去营造最美的风景。

活动初始，首先在班级内展开讨论，讨论哪些行为是文明用餐行为、文明消费行为和文明出行行为，然后确定节俭用餐、理性购物、绿色出行三个主题。

主题一：节俭用餐

各班班主任联系可以开展"节俭用餐我力行"活动的餐厅并最终选定合

作餐厅。在 3 月 15 日这天，由班主任带队（10 人次）到合作餐厅，由学生自主选择顾客进行“文明用餐”倡议，得到顾客认可后赠予顾客由同学们自己制作的“文明用餐小书签”，并合影留念，获得顾客承诺签名。

主题二：理性购物

各班班主任联系可以开展“理性购物我力行”活动的超市并最终选定合作超市。在 3 月 15 日这天，由班主任带队（10 人次）到合作超市，由学生自主选择消费者进行“文明消费”倡议，得到消费者认可后赠予消费者“文明消费小书签”，并合影留念，获得消费者承诺签名。

主题三：绿色出行

各班班主任选定可以配合参加“绿色出行我力行”活动的学生家长。在 3 月 15 日这天，由班主任带领参与活动的学生及家长参与绿色出行活动，出行方式以自行车或步行为主，由参与此项活动的学生对家长们进行“文明出行”倡议，得到家长们认可后，赠予他们“文明出行小书签”，并合影留念，获得家长们的承诺签名。

节俭用餐、理性购物、绿色出行都是社会文明的表现。文明行为是在日常生活中一点一滴积累而成的，同学们不仅要当好文明行为的执行者，还要成为文明行为的监督者，更好地规范社会文明，建设文明校园和文明社会，让文明成为最美的风景。

据统计，2015 年共有 41.2 亿人次国内或出境游，相当于全国人口一年旅游近 3 次。世界旅游业理事会（WTTC）把它放到 GDP 里面一比较，中国旅游产业对 GDP 综合贡献达到了 10.1%，超过了教育、银行、汽车产业，对国际旅游市场增长的贡献率超过 30%，中国游客的身影遍布全球各个角落。也因此，文明出行更应该积极倡导，做到“旅途漫漫、文明相伴”“旅游美时美刻、文明随时随地”“文明游天下、快乐你我他”“一花一木皆是景，一言一行要文明”“游遍天下山川、只留脚印一串”等，通过提高国民素质，彰显中华民族文明古国的优秀传统。

三、感悟基因——文明月班级纪实

文明是中华民族的宝贵基因和禀赋，需要后代去传承创新，去发扬光大。如果将文明比作一部乐曲，那么每个人的言行就是它的音符。动人的旋律离不开榜样的引领，也离不开每一个音符的跳动。同学们只有在不断寻找、感悟和实践中，才能找到文明的真谛。只有经历由表及里不断提升的成长过程，才能最终成为一个知书达礼、言信行直和温文尔雅的文明八一人。世界上的文明有很多种，从以武力捍卫争取权益到铁窗面壁二十七年，从阶下囚徒到南非第一任黑人总统，曼德拉的“漫漫自由路”，不正是向前一小步、文明一大步的累积转换吗？

国际部1班：纪念曼德拉活动

【精彩拾贝】

3月21日是国际消除种族歧视日，每年的这一天，很多地方都会举办一些活动，体现民众追求平等自由社会的美好愿望。作为八一国际部的学子，我们更应该为和平世界的发展去呐喊。为了纪念伟大的曼德拉先生，也为了让同学们更加深入地了解曼德拉的一生及其奋斗的意义，国际部一班在文明月举办了反种族歧视伟人斗士曼德拉先生的纪念追悼仪式，希望通过这一活动，让越来越多的人向曼德拉学习，热爱和平、关注和平，推进人类文明的进步，做世界人民友好相处的文明使者。

纪念追悼仪式在中午12点40分开始，来自各个年级的同学们走进循环播放《光辉岁月》MV的礼堂，在歌声中感受世界第一位黑人总统、反种族隔离伟人、自由文明精神领袖曼德拉纪念活动的怀念基调，感受Beyond在创作这首伟人之歌时的一腔热血和对伟人的敬慕之情。

礼堂的灯光渐渐关闭，只有舞台上的烛光依然跳跃。大屏幕上播放着电影《成事在人》，沉默的氛围使得在场的同学们一改进入礼堂前轻松愉悦的状态，每个人都安静地坐在座位上欣赏着精彩的电影，感受着这位反对种族歧视斗士的不平凡的一生。

随后，是默哀环节，全场起立低头默哀三分钟。

之后，国际部一班的全体同学走到台前，手握话筒，深情地演唱起这首享誉世界、饱含尊敬的纪念曼德拉的经典歌曲《光辉岁月》。蜡烛的火光依旧闪烁着，复杂的情绪揉进歌声中，倾泻在烛光里。

活动到了尾声，却也是高潮。礼堂的灯亮了起来，带着蜡烛照亮了礼堂的每个角落，照亮了通往美好未来的道路。国际一班同学庄严宣誓："我宣誓：作为21世纪世界公民，作为八一学校学子，我将继承曼德拉先生的精神，坚持自由，坚持平等，反对一切种族歧视主义，为此贡献自己的青春与生命，守护和平的果实，做理智而高素质的世界公民。"

【真情流露】

整个仪式庄严肃穆，同学们怀着一颗崇敬的心感受着曼德拉一生为反种族歧视所做出的贡献。活动虽已结束，但同学们在这次意义非凡的活动中收获颇丰。曼德拉的一生，就是一个为世界和平而战的传奇，他的经历中有太多值得我们学习的地方。曼德拉先生虽然离开了我们，但留给我们的是激励，是努力的方向，是对待世界的态度。

在国际部的大家庭里，老师们来自不同的国家，不同的文化、不同的肤色，但彼此之间没有冲突、没有争端，大家互相理解、互相尊重。作为一个学生，尤其是一个要走向世界的国际部学生，对待国际问题必须要有自己正确的、独到的态度，我们不应只以学生的身份自居，而要像曼德拉先生一样，以天下大事为己任。希望所有人都能够铭记曼德拉先生的遗志，在国际化的背景下理解平等并且努力实现平等，崇尚自由并且奋力追求自由，做一个真正心系世界的文明公民。

学子感言

漫漫自由路

——G2016届国际部　康婷

三月是学校的文明月，我们国际一班有幸被学校选中作为文明月活动试点班。3月21日恰逢国际消除种族歧视日，我们与老师商量决定举办以“看世界文明——做文明的世界公民”为主题的“曼德拉日”活动，而我非常荣幸地被推选为主持人之一。在老师的精心指导下，经过同学们的共同努力，“曼德拉日”活动取得了成功，而我收获的也不仅仅只是感动。

当我开始进入主持人角色后才发现任务的艰巨性。此次活动需要去解读一位世界名人，而我只知道他是积极的反种族隔离人士，是南非第一届总统，其他的就毫无所知了。于是，我查阅了很多资料来了解曼德拉的一生。

曼德拉1918年7月18日出生于南非特兰斯凯，曾任非国大青年联盟全国书记、主席。1994年至1999年间任南非总统，是南非首位黑人总统，被尊称为南非国父。他在40年间获得了一百多个奖项，其中最著名的便是1993年的诺贝尔和平奖。

曼德拉作为南非首任黑人总统，主导了通过非暴力方式实现南非种族和解，消除了全球最后一个公开的种族隔离制度的堡垒。在推翻种族隔离制度的斗争过程中，曼德拉因所谓的密谋推翻政府等罪行被捕入狱，受尽凌辱，经历了人生的一次次精神涤荡，在狱中度过了孤独的27年。27年啊！追求自由的人已老去，但他的每一天都是光辉岁月！最终，他在建设“彩虹国”这个梦想的指引下，超越了种族、肤色和宗教，从一个不屈的斗士，转向基于人道主义的宽容和解，领导并推动新南非成为世界近代文明的象征。他用整个青春和壮年为代价，为抗争不公平的种族隔离奉献了全部力量！

我记得曼德拉说：“感恩与宽容经常是源自痛苦与磨难的，必须以极大的毅力来训练。当我走出囚室、迈过通往自由的监狱大门时，我已经清楚，自己若不能把悲痛与怨恨留在身后，那么我其实仍在狱中。”曼德拉的宽容大度，在传递正能量中对人们产生了巨大的精神鼓舞。他还曾说过：“爱在人类的心中比恨来得更自然。”曼德拉并没有为了黑人“站起来”而赶走白人，相反，他用大爱融化了人们心中的恨。人类经历了太多的斗争、杀戮和报复。身处乱世，他用善良与宽容得到了多数民众的支持；身居高位后，他仍保持清廉公正，以身作则，为新南非的官员们做出了表率。

我逐渐了解了曼德拉的奋斗经历，了解了曼德拉的思想升华历程，了解了全世界人民热爱曼德拉的情结。由知其甚少，到为之震撼，曼德拉由此也成为我心中最敬仰的英雄。在瑞佛尼亚法庭上，他的表现至今仍深深触动我，令我肃然起敬："在我的一生当中，我已经把自己献给了非洲人民争取生存权利的斗争。我与白人统治进行了斗争，也反对黑人控制，我珍视实现民主社会的理想，在那样的社会里，所有的人都和睦相处，具有平等的权利。我希望为这个理想而生活，并去实现它，但是如果需要，我也准备为这个理想献出生命。"他时刻准备为了理想献出生命，声音铿锵有力，震耳欲聋，久久回荡在空中……

通过学习，最终，我与搭档朱丙璇完成了一份老师和同学认可的主持词。"我宣誓：作为21世纪世界公民，作为八一学子，我将继承曼德拉先生的精神，坚持自由，坚持平等，反对一切种族歧视主义，为此贡献自己的青春与生命，守护和平的果实，做理智而高素质的世界公民。"眉头紧锁的照片，一字一句的誓言狠狠碰撞心灵最深处，我深刻体味到这位伟人的无私无畏。挫折给予他的不是仇恨，不是报复，而是感激与回报。有谁能理解他艰难的道路、辛苦的一生；又有谁能超越他的人格魅力，成就自己，更影响他人！

璀璨的巨星，终归有陨落的那一天。2013年12月5日，曼德拉在约翰内斯堡住所去世，享年95岁。虽然全世界在那一刻失去了一位伟人，但正义永不磨灭！他的毅力与坚强，他那一颗怀揣平等的心，深深地影响着全世界。劳累一生的他，也终于可以休息了……

自由的道路太过艰难漫长，误解和冲突如影随形。生于中国的我们，也许对于种族歧视并没有深刻的体会，但在未来，在我们走向社会甚至走向世界的过程中，应该学会平等看待他人，真诚对待与自己文化不同的民族。现在，我会记住曼德拉，这个为了自由、平等与胜利耗尽了自己一生的勇士。他诠释了——每个人，不论种族肤色，都是跟这缤纷的世界密不可分的！他的宽容博爱深刻于心，他的伟大自由文明精神将激励我们为正义与和平而不断奋斗！

第十一章　开放

扩展　理解　合作

校长寄语

开放方能纳新、开放方能发展。在这样一个瞬息万变的时代，要想与社会同步，就要有与时俱进的意识。在我国“十三五”规划中，“开放”成为发展理念之一。因为人类的历史就是在开放中发展的。任何一个民族的发展都不能只靠本民族的力量。只有处于开放交流之中，经常与外界保持经济文化的吐纳关系，才能得到发展，这是历史的规律。

帕纳曾说：“保守主义者学不会新东西，也忘不掉旧东西。”做学问，开放精神尤为重要。吸收先进的思想和知识，具有开阔的视野和气度，这是把学问做深、做大、做优所要具备的素质。

八一学校提出“开放”基因，就是希望每一名学子能够走出自我的小天地，去看看外面丰富多彩的世界，博采众长，吐故纳新，拓宽知识视野、拓宽人生道路，为未来发展探寻无限可能。

开放名言

多才自劳苦，无用只因循。——韩愈

因循苟且逸豫而无为，可以侥幸一时，而不可以旷日持久。——王安石

非常之事，何得因循。——《三国志》

循法之功，不足以变世；法古之学，不足以制今。——《战国策》

故治国无法而乱守，法不变则悖，悖乱不可以持国。世易时移，变法宜矣。——《吕氏春秋》

暴躁在某种程度上讲是因为有不安全感，或者是自己没有开放的心态。——马云

一切事物的趋于完善，都是来自适当的改革。——巴尔扎克

任何一个进步的体系，也都是开放的，不然就会丧失其发展的可能性，因而也就会丧失其进步性的特点。——马尔科夫

陈旧的眼光感受不了任何新景象。——萨克雷

一、走进基因——怀达观之心，展合作之举

【开放内涵】

开放的本质是敞开与解放，内涵是扩展、理解与合作。“现在的世界是开放的世界。”这是邓小平同志对当代世界开放性特征的高度概括。面对一个开放的世界，拥有开放的眼界和心态，也就成为八一学子为品质人生奠基的重要准备工作。

扩展视野是开放的基础，增进理解是开放的核心，加强合作是开放的目的。开放能够培养一个人的学习力、沟通力和协同力。

扩展视野、敞开胸怀是开放的第一步，是拥有开放心态的基础，它要求我们打开视野，认识世界。

理解的目的是增进不同文化背景、不同种族、不同宗教信仰和不同区域、国家、地区的人们之间的相互了解和相互宽容，为将来能够共同认识和处理问题做准备。

合作是开放的最高形式，要求我们与邻为伴，相互尊重、相互学习，将被动的相互依赖变成有意识的团结互助。我们的学生要树立开放的思维，胸怀祖国，放眼世界；读万卷书，行万里路；拥有开放的情怀，与人为善，增进理解；与人为伴，合作共赢。

今天的青年更需要树立开放的理念，因为开放不仅关系到个人的发展，也是国家繁荣发展的必由之路。

【活动主题】

八一学校将七月设立为“开放月”。开放月的确立源自香港回归日（7 月 1 日）、国际合作社日（7 月的第一个星期六）、中国航海日（7 月 11 日）、人类月球日（7 月 20 日）、世界语创立日（7 月 26 日）、暑假、学校“合作节”等。通过开放主题，旨在借助七月的几个重要节日，让学生们了解“一国两制”的开放理念，在探寻中国航海史的过程中体会到日益开放的贸易发展，以及人类对月球的探索历程、世界语的由来等。通过暑期的各种走出去活动，

让学生感受不同文化的魅力，培养其包容意识和开放心态。

学校围绕“开放”基因，开展了主题教育活动，三年的活动主题分别为：

第一年度：“开阔视野，增加理解，学会合作。”通过主题活动，让学生拥有开放的眼界和心态，理解世界多元文化，具备与人精诚合作、兼容并包的精神。本年度重在让学生理解开放的内涵，在行走天下之中，学会以开放的姿态去发现并了解多元文化，深化对文化的认知，并学会如何与人交流与合作的基本规范和礼仪。开放的第一步是认知与体验。

第二年度：“敞开心扉，构筑你我沟通之桥，付诸行动，铺就共同成长之路。”通过主题活动，砺炼学生主动开放的心理素质，拥有与人积极交往的行为并怀有真挚之心，培育放眼世界的博大胸襟和开阔的眼光，能够用大方、果敢的行动搭建起通往友谊和成功的道路。本年度重在行动，包括如何交流、如何合作、如何参与。这是对理念的践行，对意识的再现。开放的第二步是协作与分享。

第三年度：“一带一路，共筑开放时代，一知一行，共创繁荣未来。”通过主题活动，让学生了解世界特别是“一带一路”沿线国家的历史文化、风土人情以及法律制度等，培养对文化的包容力与理解力，培养开放求知的意识和国际视野，通过体悟“一带一路”沿线国家之间的合作精神，提升学生的合作意识。本年度重在重新认识亚太经济圈和欧洲经济圈，对这条“世界上最长、最具有发展潜力的经济大走廊”有一个全新的认识。开放的第三步是参与与成长。

二、演绎基因——开放月特色活动

马尔科夫说：“任何一个进步的体系，也都是开放的，不然就会丧失其发展的可能性，因而也就会丧失其进步性的特点。”清朝时期，正是有了魏源编写的《海国图志》，让国人看到了外面多彩的世界，才学会了开放式地接受外来事物，并努力去追求先进的技术。

八一学校的开放活动，试图让学生学会“走出去”和“请进来”——在走出去的过程中，从认知、理解、交流、参与到合作，让开放不仅仅停留在视野层面，而是以行动践行观念和意识；在请进来的过程中，从选择、整理、策划、推广到分享，让开放不仅仅停留在国际多元文化的输入，而是对中华优秀文化的输出和弘扬。

活动 38：把世界带回八一

《国家中长期教育改革和发展规划纲要（2010—2020 年）》明确指出，要提高我国教育国际化水平，适应国家经济社会对外开放的要求，培养大批具有国际视野、通晓国际规则、能够参与国际事务和国际竞争的国际化人才。国家在呼吁国际化人才，八一学校也在尽力与国际化接轨，将这个开放世界中的优质营养带回八一，让我们的学生得到更好发展。

读万卷书还需走万里路，“开放”首先体现在“行走”上。学校鼓励学生大胆地走向社会、走向世界，以宽广的视野增进对不同国家、不同民族、不同地区的文化理解，鼓励学生成为一个真正的社会人、世界人。“开放”其次体现在“展示”上，要让同学们把世界带回八一、带回教室，让同学们进行出国交流的分享，在分享中获得知识和体会，获得友谊和快乐。

“把世界带回八一”活动正是利用假期，带领同学们游走世界，让同学们记录下历史、人文、自然、时代等印迹和感悟，开阔视野、丰厚知识，并与其他同学一起分享精彩的世界。

在“行走”上，八一学校为初一至高三的同学们，分年级地进行了暑期国际交流的策划和行程安排。具体如下表所示：

交流的内容	适合年级	一般出访时间
欧洲四国修学旅行（home study）	初一、高一	暑假放假后第一周出发，约 14 天
美国科普夏令营、名校夏令营	初二、高二	暑假放假后第一周出发，约 14 天
初、高三毕业修学旅行	初三、高三	暑假放假后第一周出发，约 14 天

国际交流为同学们提供了一个可以近距离接触世界的机会，同学们可以

从中了解多元文化，加强国际理解。八一学校还为同学们提供了与英美多所友好学校进行交流的机会，如英国伦敦金融城男中、英国伦敦金融城女中、英国伦敦杜克洛顿女中、英属泽西岛皇家高中、美国嘉德圣玛丽学校、美国钻石吧学校、美国埃佩克斯高中、美国法尔茅斯高中等。同学们可以根据自己的兴趣选择交流的学校。

当同学们结束了国际交流回到学校后，便开始了一系列“分享”活动。其分享形式主要包括三种：视频播放、大讲堂、文化展览。

视频播放主要是将同学们在国外游学期间拍摄的世界各地的风土人情、有趣或者有启发的海外故事等以视频的形式播放出来，各个班级进行“海外视频漂流”，让每个班的同学都能够了解不同国家的风情。

大讲堂主要是为同学们提供一个分享世界游学心得体会的平台，激发同学们积极表达的兴趣，让同学们将心中的想法和感悟分享给他人，以开放的心态去诉说和倾听。

文化展览主要是在开放月以“异国文化走廊”的方式，让每个同学都展示出自己心目中最有趣、最有意义、最有特点的异国文化，让同学们将国外游学期间获得和积攒的礼物、服饰、照片等物品进行展示。同学们也可以按照自己的理解，画出或者制作能够代表其他国家的标志性物品。

同学们通过出国游学和交流，将世界的风采带进了八一学校。一是提升了学生的地域认知，他们在游走世界中了解地域文化、自然景观、风土人情、科学进步等；二是提升了教育认知，学生在走进不同地区的学校中了解学校文化、感受学习氛围、进行学术交流、认识校园环境；三是实现了能力拓展，包括语言技能、生活技能、创新技能、实践技能等的锻炼；四是进行了合作促成，学生与游走地区的学生建立起长久的友谊，打开合作学习的通道，真正实现相互促进、共同成长。

活动 39：绘图游世界

世界之大，各国都具有独特的文化特征。学生在了解世界各国文化的过程中，知识会变得丰厚，视野会变得开阔，心态也会变得开放。

“绘图游世界”活动是让学生们在主动寻找“游世界”伙伴的过程中，学会积极地与人沟通和协作，了解世界各地风土民情和地域文化，增进文化的沟通与理解；在亲手制作“游世界”路线图的过程中，培养动手能力和组织安排能力。“绘图游世界”活动分为四个环节：

环节一：寻找“游世界”伙伴

同学们寻找外国伙伴的方式有许多种，可以通过北京语言大学的相关官方微博“北语孔子学院”“爱北语”“北语对外汉语大家庭”等途径来寻找在北京的外国朋友；可以咨询北语学生活动负责部门留学生的情况；可以通过北语 BBS 论坛寻找外国伙伴；还可以登录 Facebook 或者 Twitter 等外国社交网站等。

环节二：沟通“游世界”方案

在找到北京的外国友人后，同学们进一步与“游世界”的伙伴沟通活动目的及方案，建立起一对一或一对多的伙伴关系，共同完成“游世界”的地图绘制工作。

在沟通中，同学们尽可能多地了解外国伙伴家乡的详细地点，了解当地的风土民情，积极与伙伴交流环游世界的想法，听伙伴关于旅行意义的看法和旅行的规划，与伙伴确定虚拟的旅行目的地，搜集目的地相关的信息，包括目的地的历史、文化、风俗、景点、货币、相关签证手续等。根据搜集的资料，规划旅途行程，确定旅行方式，最终规划出初步的旅行线路图。

随后，同学们登录各大旅行网站分享自己的初步规划，搜集各方的建议并搜集类似的旅行游记，学习制定旅行流程的方法。

之后，整理自己的旅行线路图并做修改，完成详尽的旅行线路图。详细的旅行规划包括时间、旅费、旅行方式等，形式内容不限，同学们可以自由发挥自己的想象力。

环节三：制作“游世界”地图

同学们寻找到的“游世界”的伙伴来自世界各个地方。大致可以分为四条游览路线：以美国、加拿大为主的“美洲线”；以英国、德国、法国为主的“欧洲线”；以日本、新加坡为主的“亚洲线”；以澳大利亚、新西兰为主的“大洋洲线”。

制作“游世界”地图的具体要求：A3 规格，彩色，具有简易的地图功能，明晰的线路指示和时间安排，旅行方式及价格，目的地标注，目的地相关旅行信息的注释，包括当地时差、货币、语言、宗教文化等。

环节四：参加“游世界”评比

开学后，同学们将游记交予班委，进行班级公开讲演和评比，评选出以下奖项：最具创意线路奖、最精打细算奖、最佳绘制奖、最火热人气奖、最贴心线路奖、最默契配合奖。

在“绘图游世界”活动中，同学们不仅仅与在北京的外国友人结下了深深的友谊，还提高了自己的语言交流能力和沟通能力，更重要的是，在绘制地图的过程中，对世界自然地理与人文地理有了较深的了解。

活动 40：“一带一路”跨学科、跨学段综合实践课程专题研究

“一带一路”是“丝绸之路经济带”和“21 世纪海上丝绸之路”的简称，它旨在借用古代丝绸之路的历史符号，高举和平发展的旗帜，积极发展与沿线国家的经济合作伙伴关系，共同打造政治互信、经济融合、文化包容的利益共同体、命运共同体和责任共同体。

结合“一带一路”倡议，学校将这一时政热点引入课堂，引导学生关注现实，增强家国情怀。

本专题研究同时在初一年级和高一年级展开，既结合学生当前学段的相关学科知识，又结合这一阶段在两个年级展开的实践类课程研究。

学习目标：

1．学生通过史料探究、史料实证、历史考察等方法，对古丝绸之路的历史沿革、城市发展、经济文化交流、艺术和社会生活的影响等方面进行探讨。运用丝绸之路沿线的地形、气候、河流等自然地理资料，运用史料和区位分析方法，归纳自然地理环境对丝绸之路路线选择的影响，探究丝绸之路对东方饮食文化和社会生活的影响。

2．学生通过小组合作和小组探究的方法，交流分享学习成果，激发学生的学习兴趣，形成一定的自主学习能力；学会与同学、教师深度合作学习（独立、分享、评价、改进），增加学习的内部动机。

3．学生在研究过程中，能够重构知识结构，跨学科运用历史、地理等多

学科的研究方法，并自发将日常生活与日常活动和常规课程有机融合，进一步认识古丝绸之路，从而引发对今天“一带一路”倡议的思考。

4. 学生通过对古丝绸之路的探究，认识丝绸之路在中国历史和世界历史发展中的重要地位，增强民族自信心和民族自豪感。

小组探究主题：

第一组：自然地理环境对丝绸之路线路选择的影响。

第二组：丝路长安。

第三组：丝路庞贝。

第四组：丝绸之路与敦煌壁画。

第五组：舌尖上的丝路——以葡萄为例。

学生丝绸之路课题研究收获及感想：

在我所有做过的课题研究中，以丝绸之路为背景的学习可谓是最为特殊也最具有挑战性的了。在此之前，我自认为对丝绸之路的了解绝不算少，但在阅读了大量文献及资料之后我才发现自己所知道的也仅是凤毛麟角。我们组的研究在最初的选题上就面临着很大的挑战，为此我们不断商讨、确定、推翻，再次辩论，这个过程持续了很久，其间我们一直都在不停地阅读关于丝绸之路发展历史的书籍，渴望能从大历史环境中找到答案。经过对课题的试讲和对论题的可行性论证，我们最终选取古罗马世界中一座伟大城池庞贝作为研究对象。

关于庞贝国内的学术研究甚少，在收集文献的过程中实在是历尽艰辛。

时间紧迫，文献难找，阅读量大，这些问题并没有打倒我们，当我们克服这些困难之后，实际上无论是心理上还是能力上都有了显著的提高。

这次课题研究不光让我丰富了知识，同时也让我在研究过程中开始对丝绸之路重新思考，重新审视那段历史。我发现，当我换到另一个角度再去看这样一个问题的时候，会有更多的问题展现在我的面前，如同发现了新世界。

而且历史与当代和未来的关系并非模糊不清，当我们抽离开具体事件，将过程加以总结，不难发现其中的联系。这才算是真正触及历史学科学习的意义与最终目的的冰山一角。但即便是冰山一角，也启发我探索未来的无限种可能，相信在未来的学习中这些经历会使我受益无穷。(叶一凡)

活动 41：北京私人订制

开放，不仅要“走出去”，还要“请进来”。特别是作为首都公民，更要热情相待，以开放的心态，欢迎更多的世界友人走进北京、了解北京，当好外国友人的导游。

在开放月，八一学校开展“北京私人订制”活动。所谓私人订制，就是根据外国游客的旅游愿望为他们私人订制旅游路线，满足他们的旅游需求。同学们通过北京各大旅行社了解到，外国游客对北京的胡同、北京的历史、北京的地标性建筑比较感兴趣，特别为外国游客订制了三条私人旅游路线。

私人订制路线一：北京胡同游

要想了解老北京，一定要带外国游客到北京的老胡同里逛逛。北京有大小胡同七千余条，胡同的名称五花八门，有的以人名命名，如文丞相胡同；有的以市场、商品命名，如金鱼胡同；有的以北京土语命名，如闷葫芦罐胡同等。同学们为了让外国游客了解到最具代表性的北京胡同，带他们来到后海湖边，租辆自行车，带他们感受休闲的生活景致，了解北京的胡同、四合院和民居生活。特别是南锣鼓巷的胡同，遍布特色的小店和酒吧，附近有许多自元代留下的胡同小巷以及隐藏在其中的古老院落。外国友人在北京胡同游中，感受到了浓浓的胡同味道以及现代特色。

私人订制路线二：北京历史游

在外国游客眼中，北京的历史就像是一个谜。同学们带外国友人来到故宫博物院，带他们参观明清两朝 24 位帝王宫廷；来到正阳门，让他们与老北京中轴线亲密接触；来到天坛公园，参观历代帝王祈谷、祭天的场所；来到先农坛，参观古代建筑群；来到国子监，参观元、明、清三代国家管理教育的最高行政机关和国家设立的最高学府。在参观这些景点的过程中，外国友人对北京历史、中国历史更加了解，对中国的尊重感油然而生。

私人订制路线三：北京地标建筑游

说到北京的地标性建筑，不得不说以“鸟巢”和“水立方”为代表的奥运场馆、国家大戏院、CCTV 新大楼总部。同学们带外国友人参观鸟巢和水立方，让他们感受奥运之美；带他们参观国家大戏院，让他们欣赏高雅的艺术；带他们参观 CCTV 新大楼总部，感受外观的视觉冲击力。

同学们在“北京私人订制”活动中，对“开放”的内涵有了更加深刻的认识。他们懂得了，开放不仅仅是要开阔自己的视野，还要为更多的人提供打开视野的机会，让文化得到传承和交流，让世界文化融为一体。

三、感悟基因——开放月班级纪实

暑假给了学生们更多的时间去了解社会，在这个月里，同学们有的游走于祖国的大河山川，有的行进在亚洲国家的土地上，还有的去往更远的地方，体会不同文化背景下的风情。无论哪种旅行，都是一次人生的旅行，都是一次心灵与思想的旅行，我们希望同学们能够开阔视野，将书本知识与现实世界相关联，积淀内涵，提升修养，在徜徉世界文化长河中，让眼界更高远，思维更活跃，心智更成熟。

高一年级：优班团的激情绽放

【精彩拾贝】

国际 IB 课程提出培养学生的两个目标，即行动与展示。展示是检验一个人是否学有所成、学有所用的关键载体。善于自我展示，本身是一种开放精神的体现。搭建一个对全体学生开放的展示舞台，必将极大激发学生的学习热情，调动学生的学习动力。同时，开放的舞台也能够检验学习课程、活动开发实施的成效，让学生更好地进行完善和提升。在这个提倡自由表达与沟通交流的世界，通过自我展示，人会变得更加自信，气质也会渐渐提升。

2015 年 7 月 10 日，2017 届高一年级优班优团展示活动在礼堂顺利召开。各班同学展示了自己一学年的学习生活情况，各班为大家介绍了自己班级建设和团支部活动。

首先展示的是高一 1 班的同学，他们以《时光》为题，分颜色介绍了 1 班一年以来的班级活动。在一学年的时光中，他们书写了属于自己班级的感动时光。

高一 2 班的展示较有特色，他们制作班级活动视频：模仿《速度与激情》，展示了 2 班同学的体育节和风筝节的故事；模仿《通天帝国》介绍了 2 班的西安之游。之后，他们以《身后足迹，身前路》为题，展示了团支部的各种活动：高考祝福、为盲人同胞读书、张弛拾金不昧……

高一 3 班展示了班级一年来为每位同学庆祝生日活动、体育节夺得桂冠的难忘时刻；展示了智慧的 3 班进行西安游学、基础知识竞赛获得一等奖的历程；展示了奉献的 3 班走进社区救助站，他们的思想在奉献中成熟起来的过程；展示了他们的团支部号召同学在医院做志愿活动、支教活动、体育节倡议活动、图书馆志愿活动、红十字志愿活动、网上英烈纪念活动的情景。

高一 4 班以《青春》为题进行优班申请，板报上有老师为大家写励志语的温情记录，有语文拉力赛中同学们蝉联三次语文记忆之王的光荣记录，有玉渊潭志愿者活动照片中同学们乐于助人的爱心记录。

高一 5 班的优团申请活动介绍了团支部的热心、爱心、耐心的三心服务理念，并分别表演了表现热心、爱心、耐心理念的三个班级纪实小品。

高一 6 班进行了“一心一境，平凡不凡”的优班优团展示，讲述了他们一心一境的学习精神、游学精神、付出精神，以及他们平凡的生活和不凡的追求。

高一 7 班进行了“追求卓越，我们在路上”的优班团展示。

高一 8 班展示了他们热情活泼的桑巴军团精神，他们讲到了 8 班团支部的寒假社会实践展示人员最多，脱稿发言最多；讲到了支部下属的学习部、宣传部、体育部、生活部、文艺部等各部委的各种活动。

高一 9 班讲述了他们凝聚于心的支教团活动、公益活动，特别是与智障者的交流活动。

高一 10 班为大家讲述了石悦的故事，并根据石悦的回忆讲述了过去一年 10 班曾经走过的路：礼堂使她想起了合唱节；操场使她想起了体育节；四阶梯使她想起了数学和语文拉力赛、早读拉力赛；高中楼一层大厅的展示使她想起了游学活动；二层的教室使她想起了自己一年以来的所有学习活动……

通过优班优团展示，高一年级每个班的同学都回忆起自己在八一学校度过的每个感动瞬间。展示活动结束后，各班派出 5 位同学和教师参与优班优团投票，并选出这一年度的“优班团”。

【真情流露】

优班团建设对于八一学校每个班级的同学来说都是一次新的成长机会。在班干部的组织下，各班学生团队的精神面貌、班风、学风都得到了极大改善；班级的凝聚力、团队的育人功能和个人的活力得到了进一步提升。

这次高一年级的优班团展示，既展示了班级一年来在各个方面的成长与进步，也展示了同学们开放的心态，能够在进行优班团的建设中，真正地走出去，积极参加社会实践活动。高一年级这 10 个班级的展示，是同学们心血与付出的结晶，是开放月中最美的成果！

高二 4 班：多元文化，和而不同

【精彩拾贝】

暑假是同学们最开心的时刻，因为可以行走天下，去体验异国的风情，去感受不同的文化，去浏览美丽的风光，去品尝美味的佳肴，而这背后其实是让孩子们更好地理解多元文化，在理解中开阔视野、丰富知识，同时也学会和不同的人交流、沟通。

开放月正值暑假，八一学校的同学们基本都有出行计划，既有远赴欧美、日本进行异域采风的，也有到香港、台湾等地进行参观旅游的，还有在祖国大江南北游山玩水的。

高二 4 班根据学生的假期安排进行了分组：东游日本组、欧美异域组、南方组、北方组、港澳台组。每组成员根据自己的才华和意愿进行分工，有人负责收集材料，有人负责制作课件，有人负责宣讲，有人负责壁报的展示。

随后，在暑假出行前，高二 4 班特别确定了各个组的交流主题，让同学们带着问题出行，带着问题体悟多元文化的精彩。

东游日本组的交流主题为：同为亚洲国家，日本与中国在文化上有哪些差异？导致这种差异的原因是什么？

欧美异域组的交流主题为：欧美国家与亚洲国家，在政治、经济、文化方面存在哪些差异？这些差异与地域特征存在怎样的联系？

南方组的交流主题为：南方与北方的植被特点有哪些区别？南方人和北

方人在饮食习惯上和性格爱好方面有哪些不同？

北方组的交流主题为：同为北方城市，作为首都的北京和其他北方城市有哪些不同？并探究其原因。

港澳台组的交流主题为：大陆与台湾，内地与香港和澳门在经济文化方面的特征有哪些？造成经济文化差异的原因有哪些？

高二 4 班这五个组的同学，带着各组的交流主题出发了，也着实体验到了多元文化的精彩。欧美异域组的同学们到了威尼斯，置身于夜晚的威尼斯小城，浅浅的水上衬着淡淡的光芒，宛若人间仙境。他们还到了佛罗伦萨这个文艺小镇，感受到浓浓的足球气息。在参观圣十字广场的路上，同学们遇到一家卖佛罗伦萨俱乐部球迷用品的店铺，立志八一学校的校园足球要走向世界。

东游日本组的同学们到达日本后，深深感受到了日本人民的礼仪，也感受到了中国和日本这一衣带水的两个国家“筷子文化”的不同。在日本，餐桌上的菜都盛在小型餐具里，人们吃菜时会把它拿到嘴边，所以又细又短的筷子也够用。但在中国，菜都盛放在桌上的大盘里，需要伸手去够，所以筷子就要长一些。

这些点点滴滴的文化细节都让同学们认识到文化因为地域的不同、国家发展历史的不同、政治体制的不同、经济发展状况的不同等呈现出五彩缤纷的形态，也让同学们真真切切地感受到了“多元文化，和而不同”。

【真情流露】

不同小组在出行的途中，都有了不同的收获。即使是在异国他乡，高二 4 班的同学们也非常团结。同学们一路上相互照顾，互相分享心得，并且不同组的同学还及时通过电话、QQ、微信、邮件等方式进行联系，将在不同国家拍到的图片和写的心情日志随时进行分享。

同学们在分享过程中，对开放的内涵有了更进一步的认识，比如开放的第一步应该是扩展，那就是放飞思绪，走向社会，在行万里路中活学知识；第二步则是理解，抱着宽容、谦卑的心态去看待一切和感悟一切，去体会不同文化背景下人们的价值观和行为方式；而最重要的第三步是合作，这是检验开放是否拥有深层次的交流和发展，如果仅仅停留在看到了而没有采取实质性的行动，开放还是肤浅的。因此，开放也有意识地锻炼了同学们合作的精神和能力。

学子感言

放得开，才开放

——初二1班　朱烨

这个暑假我读了不少书，明白了开放是取得成功的保证。我读了一本三毛的传记，品味了她一生的酸甜苦辣。三毛小的时候很孤僻，甚至经常一个人去墓地读书。后来顾福生帮她打开了这个世界的大门，使她重新走回了学校。她后来去西班牙、德国、美国留学，而且很快适应了当地的语言与环境，交到了很多的朋友，成绩也非常优秀。她有这个胆量让自己走出国门，本身就是一种开放的表现，而且，她能够很快地接受当地的文化，这也是“开放”基因所传递的在扩展中去增进理解的内涵。后来，她还在撒哈拉大沙漠住了很长一段时间，虽然条件极差，但她坚持了下来，还写出了很多脍炙人口的书籍。如果是你，你愿意放弃优越的生活，移居到一片杳无人烟的沙漠上吗？正是因为她放得开，所以她能有与别人不同的经历，也能写出与别人不一样的东西。开放是创新的基石，而创新需要放得开。

胸襟打开了，也就放得开了，放得开了，也就开放了。

唐朝和明朝都是相对强盛的朝代，可为什么唐朝要比明朝更受关注，且是公认的最鼎盛时期呢？很大程度是因为唐朝是开放的，而明朝是内向的。唐朝积极对外发展，日本派了十三次遣唐使，李世民被四周的少数民族尊为天可汗，丝绸之路畅通无阻……而明朝，不仅多次禁止海上贸易，还曾经拒绝对外贸易。可见如果开放，那么就占据了主动权。反之，就是被动的，永远不知道世界是什么样子的。不主动接受世界，就不会被世界接受，也就会脱离世界，被世界抛弃。

所以，放得开，才能开放，而开放了，才能放得开。放得开包括观念放得开，思维放得开，手脚放得开，而这一切必将促进创新的发展。

第十二章　雅趣

尚美　博识　养性

校长寄语

雅趣是美好生活与品质人生的一部分。拥有金帆艺术团、以艺术教育为特色的八一学校，非常注重艺术修养和审美情趣的培养，让孩子们拥有多姿多彩的校园生活，多一种才艺，多一分优雅，多一种人生。

琴棋书画是中国古代文人雅士的必修课程。被称为“大德完人、雅量高致”的蔡元培先生十分推崇美育，他说，“中国人是富于美感的民族”，“美育者，与智育相辅而行，以图德育之完成者也”。在今天，美育也是培养复合型、创新型人才不可或缺的教育途径，而拥有雅趣的人必然也是拥有志趣与志向的人。

八一学校提出“雅趣”基因，就是希望每一名学子能够修炼艺术气质，拥有人文情操，提高生活品位，以一颗优雅之心，走进意趣盎然的世界，享受乐趣无穷的人生。

雅趣名言

文学能揭穿黑暗、迎接光明，使人们抛弃卑鄙和浅薄，趋向高尚和精深。——叶圣陶

在艺术作品中，最富有意义的部分即是技巧以外的个性。——林语堂

修养的花儿在寂静中开过去了，成功的果子便要在光明里结实。——冰心

诗是寄寓于文字中的音乐，而音乐则是声韵中的诗。——福莱

心的陶冶，心的修养和锻炼是替美的发现和体验做准备。——宗白华

领悟音乐的人，能从一切世俗的烦恼中超脱出来。——贝多芬

我从来没有当过主角，音乐会的主角永远都是音乐本身。——郎朗

一、走进基因——养艺术情趣，品雅致人生

【雅趣内涵】

雅趣的本质是高雅的情趣，它最能体现一个人的人文素养。八一学校所认为的雅趣并不局限于传统的俗与雅，而是根植在学生与教师心中对于修养的追求，这种追求外化于读书为文、处世交友、琴棋书画、饮馔服饰、举止言谈等方方面面，内化于一个人的气质、涵养、品位和境界。

雅趣的内涵是尚美、博识与养性，表现的是一个人的审美能力、求知能力和涵养能力。雅趣的形成反映的是一个人对高尚事物的深度感悟，对高雅艺术的不懈追求，以及对自我修养不断提升的动态过程。

雅趣的人是具备审美能力的人，他们懂得用理性的心态看待世界万物，用美好的眼光欣赏与判别雅与俗。他们能够坚持自己对美的判断，用执着的态度不断坚守对美的好奇与追求。

雅趣的人是具备求知能力的人，他们懂得在追求雅趣的同时，努力提高自身的文化素养，不断学习新的知识充实自我，激发自己对知识的追求与渴望。雅趣让每个人博识多闻，增长智慧。

雅趣的人是具备自我锤炼能力的人，他们懂得不断审视自我和完善自我，将优雅的艺术、广博的知识、深厚的底蕴内化为自身的修养，最终让身心愉悦，让灵魂净化。雅趣让每个人修身养性，提高品位。

雅趣表现在对艺术的好奇，对人文的崇尚，更表现在对真善美的追求、对中国文化的热爱。雅趣的最高境界是返璞归真，具有清纯灵秀、拙朴自然之气，虽并不以普及为目的，但又会得到很大程度的社会认同，这就是雅俗共赏的境界。优雅人生就应该从雅趣的培养开始，因为，雅趣是对人内心世界的折射，蕴含着人生的内涵与智慧。

【活动主题】

八一学校将十二月设立为“雅趣月”。雅趣月的确立源自朱德诞辰日（12月1日）、一二·九运动（12月9日）、世界足球日（12月9日）、世界篮球

日（12 月 21 日）、圣诞节（12 月 25 日）、毛泽东诞辰日（12 月 26 日）、聂荣臻诞辰日（12 月 29 日）、五地六校“荣臻奖学金”颁发仪式、学校艺术节等。雅趣主题旨在借助十二月的几个重要节日，让学生感受伟人深厚艺术造诣的另一面，体会球类运动中蕴含的艺术魅力，了解各个国家欢度圣诞节的不同乐趣，以及在参加艺术节的活动中，通过展示成果检验成长，在艺术熏陶中去实现陶冶自我、滋养情操、提升品位。

学校围绕“雅趣”基因，开展了主题教育活动，三年的活动主题分别为：

第一年度：“发现美、追求美、感受美、创造美、涵养美、传播美。”通过主题活动，让学生发现自我的兴趣，表达自己的想法，能够拥有一双鉴赏美的慧眼，从而培养对生活的热爱之心。本年度重在让学生了解什么是美，包括美的人、美的物、美的事，学会辨别真善美，了解什么是民族魂、中国梦，学会建树自己的理想。通过塑造美，让自己逐步变成一个雅趣之人。

第二年度：“感受青年爱国情怀，领略伟人艺术造诣。”通过主题活动，让学生品味中国伟人的盎然雅趣，提高自身的艺术修养，培养自身的艺术情趣，丰盈自身的艺术情怀。2013 年 12 月 26 日是毛主席诞辰 120 周年纪念日。毛主席为中国新民主主义革命的胜利、社会主义革命的成功、社会主义建设的全面展开，为实现中华民族独立和振兴、中国人民解放和幸福，做出了彪炳史册的贡献。本年度重在理解雅趣的内涵，在品读毛主席的著作、诗歌、书法中，重新认识雅趣，知道雅趣不仅有外在丰富的内容和形式，更有内在高尚的理想和情怀。

第三年度：“诵《红岩》，观《江姐》，正步人生；铸梦想，涵雅趣，奠基精彩。”通过主题活动，让学生感受红色文化，点燃学生的革命情感，筑就学生的艺术梦想，奠基学生的艺术人生。本年度重在进行红色教育。红色教育不仅指学习共产党在长期的革命斗争中形成的优良传统和革命精神，也包括品味在艰苦年代下诞生的红色经典。正是这些经典作品唤醒了民众参与爱国运动的意识和热情，激励共产党人坚守到祖国最后胜利的那一天。今天对红色经典的回忆，是为了明天心怀祖国的成长。

二、演绎基因——雅趣月特色活动

亚里士多德说："艺术的目的不是要去表现事物的外貌，而是要去表现事物的内在意义。"换言之，当你能够透过作品看到雕琢之人的内心，看到作品的思想，你就已然是一个会鉴赏、识雅趣、有修养的人。

八一学校的雅趣活动，已经超越了艺术本身，是让学生成长在发现、品味和感悟之中，在展现之余去接受思想的洗礼、心灵的涤荡和情感的熏陶。八一学校眼中的雅趣，是国学带来的人生启迪，是伟人带来的价值建构，是艺术带来的情趣滋养，更是梦想带来的成长动力。

活动 42：细品国学

2015 年 10 月 22 日，习近平总书记和约克公爵安德鲁王子共同为全球第 1000 所孔子课堂——奥特利尔中学孔子课堂揭牌。而这所孔子课堂就是由八一学校和英属地泽西岛奥特利尔中学承办的。这足以见得八一学校弘扬中华传统文化的决心，特别是国学课程已渐渐形成特有的模式，形成特色。

国学博大精深，是中华民族特有的文化珍宝，需要一代代人的学习和传承。习近平总书记强调指出，领导干部不管处在哪个层次和岗位，都要学习中国历史，了解和懂得自古以来中国人民创造的灿烂历史文化，继承中华民族在漫长历史发展进程中形成的优良传统，从中汲取思想精华，结合新的实践不断发扬光大。八一学校被誉为"领袖的摇篮"，每一名八一学子都应该品读国学，在学习国学的过程中积淀品质人生。

在雅趣月，八一学校通过开展"细品国学"活动，让同学们领略中华民族博大精深的传统文化，在品读古诗词、鉴赏佳篇名作的过程中，陶冶文化情操，更深入地学习中华优秀传统文化，建立起强大的民族自信和文化自信。学校举办的国学系列活动形式多样，学生通过多种方式品味国学的意蕴。

方式一：国学讲座

国学讲座主要是由校内老师讲授有关国学的相关知识。除此之外，学校还会定期聘请知名的国学大师或学者来校做高端讲座。讲座让同学们明白了为什么要了解国学，为什么要传承国学，最终让同学们形成我要学国学，我要为自己学国学的观念。

方式二：古诗词学习

八一学校的老师们为学生列出国学必读的一些书目，如《诗》《书》《礼》《易》《乐》《春秋》等。通过朗诵几篇无标点的文言段落，学生们在磕磕绊绊的阅读中认识到古文基础的重要性。校友习近平主席在外交中频繁使用古诗词的例子，唤起了学生们自己肩上那份对国学的传承与发扬的责任，进而激发出强大的学国学、传国学的动力。

方式三：国学课

在国学课上，同学们主要学习四部分内容：第一部分是六艺。指《诗》《书》《礼》《乐》《易》《春秋》六部经典。第二部分是诸子百家。诸子有儒家、道家、墨家、法家、名家、阴阳家、农家、纵横家、小说家等。第三部分是诗赋。诗和赋不一样，是两种不同的体裁。第四部分是兵书。

方式四：国学板报

同学们积极发挥创意思维，在班级内设计充满中华文化气息的地板报、黑板报、海报等，让班级处处是经典，处处是文化，处处是精神。

方式五：传统文化类节目展演

同学们结成小组，通过戏剧、小品等方式共同表演一段经典故事，或就诸子百家开展辩论。在同学们的激情展演中，国学真正动了起来。

在多种多样的国学活动中，同学们对国学的理解不再浮于表面，不再只是口头上读读背背，而是有意识地去体悟国学经典中蕴藏的人生大智慧，感悟人生哲理，并在学习的过程中不断发现自我、完善自我。

活动 43：楹联雅趣

自古伟人多雅趣。一代代伟人山之磅礴、水之浩然的超然气质，造就了他们既有睿智的领袖智慧，又有倜傥的文豪风采。题联应对，自古以来就是文人墨客消闲遣兴的一种形式。作为政治家和思想家的毛泽东，总是用对联表达人生理想，抒发革命豪情，指引前进方向。伟人身上的这种雅兴，值得现代青年学习。

在 12 月 26 日的毛泽东诞辰日，八一学校开展“楹联雅趣”活动，目的在于让同学们通过了解伟人毛泽东写下的文采风格独异的对联，提高鉴赏能力与品位，形成良好的文学艺术素养。

根据毛主席所写对联的内容，各班同学自由分成以联寄志组、以联寄情组、以联寄事组。每个组的同学根据对联寄托的不同情感，去探求毛主席思想性与艺术性兼具的伟人情怀。

以联寄志组：探求毛主席的理想抱负

以联寄志组的同学们主要分析能够表现毛主席雄伟志向的对联。例如，1927 年冬天，毛主席在湖南湘阴县考察农民运动情况时，住在湖南第一师范学校的同学刘能诗家中。当时，他为刘能诗写了三副对联：

其一：过乱世新年，何分贵贱；问苍茫大地，谁主沉浮！

其二：一年好景随春到；三亿苍生盼日升。

其三：资水入湘江，涌入洞庭归大海；天情怀众庶，长怀国运救中华。

这三副对联均切时、切景、切情，自然深刻地反映了毛泽东对现实社会的看法和心目中伟大的理想抱负。

以联寄情组：探求毛主席的博大情感

以联寄情组的同学们主要分析能够表现毛主席丰富情感的对联。例如，1928 年 10 月，红军第四军参谋长王尔琢在率部追赶叛徒袁崇全时不幸牺牲。毛泽东亲自拟就长联致哀：

一哭尔琢，二哭尔琢，尔琢今已矣！留却重任谁承受？生为阶级，死为阶级，阶级后如何？得到胜利方始休！

这副对联中既有对死者的哀悼，更有对生者的激励。同学们感受到了毛主席对战友的深厚情谊。

以联寄事组：探求毛主席的精巧心思

以联寄事组的同学们主要分析能够表现毛主席巧妙心思的对联。例如，1942 年 1 月，毛泽东为江西革命根据地召开的公审土豪劣绅大会撰联：

你当年剥削工农，好就好，利中生利；我今日宰杀土劣，怕不怕，刀上加刀。

不管大事小事，毛主席总能即兴作联，满腔的才气和雅趣展现得一览无遗。同学们在毛主席或明志或抒情或叙事的对联中，更加立体地认识了这位伟大人物的文艺范儿，也更加明白了毛主席这位伟人的多面魅力。

活动 44：发现身边的美

罗丹说过："生活中不是缺少美，而是缺少发现美的眼睛。"美不是空谈，而是要去寻找、去体验、去感受、去欣赏。在走进美的过程中，我们才能够对美的内涵有深入的了解，才能够让美内化于心，妆点我们美好的心灵。

真正的艺术并不是高大上、束之高阁的，而是来源于生活，存在于我们每一个人的身边。"发现身边的艺术"活动就是让同学们举起手中的手机、照相机、摄像机，记录下身边认为最美、最富艺术的人和事，并进行剪辑、修图、配音、配乐等，在校园内进行展播，向更多的人传递美的品德、美的品行和美的品位。

根据小学、初中、高中不同年级对"美"理解程度的不同，我们为其设定了不同的活动主题，以便于同学们去寻找身边的艺术。

小学：自然之美、老师之美

小学部的同学们主要围绕"自然之美"和"老师之美"两大主题去寻找身边的艺术。"自然之美"主要是让同学们走进自然，去发现大自然中的动植物之美、冰河山川之美、自然现象之美等。"老师之美"主要是让同学们去发现身边老师的长处，学习老师身上的耐心、细心、专心等优良品质，发自内心地崇敬老师。

初中：生活之美、创意之美

初中部的同学们主要围绕"生活之美"和"创意之美"两大主题去寻找身边的艺术。"生活之美"主要是让同学们善于发现生活中的美好人物和事物，让同学们学会尊敬父母、乐于助人、互帮互助等。"创意之美"主要是让同学们打开思维，大胆创意，争当时代小创客，去发明新技术，创造新事物。

高中：学科之美、职业之美

高中部的同学们主要围绕"学科之美"和"职业之美"两大主题去发现身边的艺术。"学科之美"主要是让高中的学生们根据对各个学科的理解，为各个学科征集“学科宣言”，为各个学科赋予特定的内涵，让同学们对学科的定位、功能和育人意义更加明晰，培养同学们的学科素养。“职业之美”主要是让高中的学生们通过职业体验去认知社会各个职业的不同，去寻找各个岗位中的“职业标兵”，发现这些“职业标兵”身上为人学习的品质。

各个年段的同学们，通过发现美、感受美、创造美、传递美，不仅让自己逐步拥有了一双善于发现艺术的眼睛，更在记录下美和艺术的同时获得感染和触动，从而更加热爱家乡、热爱祖国、热爱人民、热爱文化。

活动 45：民族魂 · 中国梦

中华民族是多民族的统一体，56 个民族由于每个民族生活环境、风俗习惯、宗教信仰、民族性格和审美情趣的差异，形成了各自灿烂的文化与艺术，这些“不同”都是民族文化的瑰宝，都是祖国灿烂文化的重要组成部分。

“民族魂 · 中国梦”活动是让每个班级定向负责收集、整理、策划和设计一个民族的风土人情、自然风光、饮食文化等，在校园内进行集中展示。展示可以是手抄报的形式，也可以是照片、实物等形式。其活动的目的主要是让学生通过展示 56 个民族的文化，对 56 个民族有不同程度的了解，进而达到对不同民族文化的理解和认同，逐步拥有跨文化意识，从而在民族文化的深入解读中，不断强化民族精神，凝聚民族魂，实现中国梦。

为了让同学们能够比较全面地了解少数民族的民族文化，老师们引导同学们从少数民族的语言文字、文化艺术、风俗习惯三个方向进行资料的搜集。

方向一：丰富多样的少数民族语言文字

此方向主要是让同学们了解不同民族的语言差异。我国 55 个少数民族中，回族、满族使用汉语，有 53 个民族使用本民族的语言。同学们分成若干小组，研究不同民族的不同语言文字，并进行交流，以体会不同民族之间的语言差异。

方向二：多姿多彩的少数民族文化艺术

在漫长的历史岁月里，少数民族创造了大量优美动人的神话、传说、史诗，以及音乐、舞蹈、绘画、科学典籍；建造了很多雄伟壮观、绚丽多彩、富有民族特色的建筑。如拉萨的布达拉宫、大昭寺和罗布林卡等，入选了

《世界遗产名录》；蒙古族的长调、维吾尔族的大型音乐套曲“十二木卡姆”等，被联合国列入世界非物质文化遗产名录。同学们循着各个少数民族珍贵文化艺术作品的踪迹，去体悟不同民族之间的文化差异，感悟不同艺术形式的美。

方向三：各具特色的少数民族风俗习惯

各具特色的少数民族风俗习惯，或源于民族发展历史，或源于生产实践，或源于重大历史事件，或源于宗教信仰，或源于居住环境。同学们自发分成各个小组，如“服饰组”“饮食组”“居住组”“礼仪组”“节日组”等，各个小组分别去体会不同少数民族的风俗习惯，加深对少数民族的了解。

五彩缤纷的少数民族文化带给了同学们深刻的感官印象。同学们按照语言文字、文化艺术、风俗习惯三个方向进行资料搜集，互相交流，共享多元文化的雅趣。同学们感受到了56个民族一家亲的深厚情谊，增强了民族自信心和自豪感，增强了努力实现“中国梦”的决心。

活动46：书法笔会

人生修养的途径是多种多样的。书法艺术应该说是人生修养途径之一。书法即人的六面人生。书法的线是人的形体；书法的意是人的境界；书法的法是人的行为规范；书法的气是人的魂魄；书法的艺是人的价值。“言为心声，书为心画。”练习书法，能陶冶人的情操，赋予生命更多活力，不失为人生的一种雅趣。

为提升同学们的雅趣情怀，八一学校号召同学们在雅趣月开展三场“书法笔会”。“书法笔会”每一场都有不同的主题，让书法艺术与人文情感相互交织，让同学们在多维艺术空间中增长灵性，激发灵感。

第一场：历史记忆，翰墨传承

为提升学生的艺术素养，我校邀请16位来自八一书画院的老一辈将军，与我校30位师生进行书法笔会。

笔会在八一学校图书馆一层的开放式国际多元素质文化教育馆进行。一张张桌上铺开平整的毡毯，一方方砚台饱含浓厚的墨汁，老将军们精神健硕，执起笔来挥洒自如。

"志存高远""骏马腾飞""自强不息""宁静致远"……每一幅氤氲着墨香的作品都承载着老将军对后辈的谆谆教诲，那矫若惊龙的笔墨使人震撼，令人铭记。正如黄代培将军所说："这是一个人人实践中国梦的时代，我们要做的就是记住历史，保护历史，传承历史，同时跨越历史，去创造更好的未来。"

此次笔会，不仅是老师和同学们欣赏和交流书法的宝贵机会，更是一次民族精神的传承与发扬。老将军们的墨宝将永久珍藏在八一学校，老将军们的精神将永存于一代代八一人心中！

第二场：壮丽山河，笔墨中国

学校邀请了八一学校书画界的校友与八一师生共同挥毫泼墨，用书画这一特殊的方式，来表达对传统艺术孜孜不倦的追求，讴歌和谐社会，赞美幸福生活。这场笔会展出的书法作品主要内容包括赞美祖国大好河山的历代著名诗词、名人名言等，涉及篆、隶、草、楷等书体，楷书端厚秀逸，行书遒劲洒脱，隶书典雅柔和，可谓笔笔有源、点点寄情；画作则主题鲜明、格调高雅、气韵生动，富有浓郁的地域特色和生活气息。

第三场：豪情壮志，挥斥方遒

12 月 26 日为伟大领袖毛泽东的诞辰纪念日。第三场书法笔会主要通过书写毛泽东同志的著名诗词，体悟这位伟大领袖的壮志豪情。八一学校的书法爱好者齐聚一堂，用笔墨重彩创作书法作品这一艺术形式，表达对一代伟人的无限怀念和崇敬。笔会上，同学们以毛泽东诗词及其丰功伟绩、壮志豪情为创作主题，精心构思、激情挥毫，创作了《高风亮节》《春色满园》《咏梅》《沁园春·雪》《清平乐·六盘山》等近 30 幅高水平的书法作品。

笔会不是简单的一次聚会，而是产生更高水平艺术表达的源泉，正如没有曲水流觞就没有天下第一行书《兰亭序》。渐渐地，笔会成为八一学校一个求同存异的舞台，在这个舞台上，同学们自由地表达自己的艺术之心，表达自身对诗词内涵的见解，体悟书法与人生的关系，在不知不觉中提升了个人修养，品味到了雅趣人生。

活动 47：最美歌剧

歌剧是一种独特的艺术形式。英国作家约翰·伊夫林说过：“歌剧是人类文明的一种最为壮丽奢华的娱乐。”歌剧把许多性质截然不同的成分——独唱、重唱、合唱、灯光、设计、乐队、动作和舞蹈——予以综合来获得生命力，让人的雅气在它独特魅力的熏陶下逐渐提升。

歌剧艺术对于培养造就人才有其独特的功能，它使人更加自觉地追求真善美的统一。歌剧作品以其丰富的音乐艺术语言和情感让人感知和体验着世界。中学生要成长为与时代相适应的“精神成人”，歌剧艺术在中学的引入有着独特的作用。因而，让歌剧走进八一学校，是对学生进行综合人文素质教育的重要内容之一。在雅趣月，八一学校主要通过三种方式让同学们感受到“最美歌剧”。

方式一：歌剧主题讲座

在一些不健康的流行歌曲受到部分中学生盲目追捧的当前社会，迫切需要我们音乐教师帮助孩子们占领一块健康的文化阵地。

八一学校的音乐教师们自发成立了“歌剧主题讲座小组”。讲座定位在普及歌剧知识，激发歌剧兴趣，着眼于提高中学生的综合艺术修养和人文素质，让学生喜爱歌剧、了解歌剧并理解歌剧所蕴含的丰富文化，尊重和喜爱高雅艺术。

方式二：歌剧观摩活动

八一学校借助校友郭旭新的力量，将空政文工团排演的大型红色歌剧《江姐》请进校园进行展演，既彰显了学校的雅趣基因，又突出了学校的红色传统。

歌剧《江姐》1964 年由空政文工团改编上演，沿着中国革命的历史足迹，演绎传唱至今。经典歌剧《江姐》以优美跌宕的旋律唱段、饱含深情的歌声、气势恢宏的现场交响乐、生动逼真的舞美道具，创造出了极具震撼的艺术视听效果，谱写了“中国歌剧史上最经典的革命浪漫主义英雄史诗”。

学生们在经典唱段的演绎过程中，感受到了红岩群英的铮铮铁骨、浩然正气，感受到他们为追求人类解放和自由而宁死不屈、视死如归的大无畏精神，感受到一个真正共产党人的优秀品质和伟大人格，从而激发了学生的革命精神和雅趣情怀。

方式三：歌剧编演活动

歌剧编演活动主要是锻炼同学们的编排能力、组织能力、合作能力等，选取的歌剧既有中国民族歌剧《大江东去》《江河万古流》《杨白劳》《党的女儿》《家》《望乡词》等，也有国外著名歌剧《卡门》《魔笛》《艺术家的生涯》《茶花女》《托斯卡》《塞维利亚的理发师》等。

学校一般会安排 AB“两班”进行不同场次的歌剧演出，每班演员均独立出演整场，使得演出在弘扬民族文化、传播高雅艺术方面起到了一定的积极作用。

从歌剧演讲，到歌剧观摩，再到歌剧编演，同学们实现了从认识歌剧、欣赏歌剧到演绎歌剧的成长。未来，八一学校会开发和争取更多能够提升学生艺术品位的歌剧展演机会，让同学们继续深入理解歌剧这种艺术形式的特点，培养他们对歌剧的热爱之心，从而涵养自身的雅趣。

三、感悟基因——雅趣月班级纪实

八一的艺术节也是一场具有极高艺术造诣的高品质活动，它是全体师生鉴赏雅趣、陶冶雅趣和展现雅趣的舞台。为了让更多的同学在艺术节里展示出最美才艺，同时也为了丰富艺术节的文化内涵和主题思想，学校每年都会精心策划、组织和实施，确保艺术节是一场展示学校办学思想和学生综合素养的思想盛宴、文化盛宴、艺术盛宴、品位盛宴。

初一、初二、高一、高二：精彩绝伦的艺术节

【精彩拾贝】

八一学校于 2013 年 12 月 23 日至 26 日，举办了以“忆伟人，爱国情深；颂经典，雅趣盎然”为主题的艺术节，各年级积极参与，为全体师生奉献了一场精彩绝伦的艺术盛宴。

初一年级以“品艺术，颂经典，雅趣盎然”为主题，表演了合唱、舞蹈、朗诵等形式多样的节目，将同学们带回到那个红色而富有激情的年代。演员们的精彩表演感染了台下的评委老师及学生们，掌声一次又一次地热烈响起。

初二年级以“忆伟人，指点江山”“颂经典，尽显风流”“爱祖国，还看今朝”三个篇章来展现当代青少年朝气蓬勃、团结向上的精神风貌，反映了同学们丰富多彩的校园生活。他们以饱满的热情和积极的态度，全身心投入艺术节的表演中，为艺术节画上了圆满的句号。

高一年级以“享千年乐音，品华夏风情”为主题，不仅展示了中华民族各地域的风情文化，同时也将异彩纷呈的歌舞、戏曲呈现在全校师生的眼前，为全校师生带来了一场视听盛宴。各班通过唱歌、舞蹈、表演短剧等不同形式，向我们展示了中国各民族的民族风、民族魂。各班的民族作品都有属于自己的特色，共同品鉴着享誉世界的民族艺术瑰宝。

高二年级以“忆伟人，颂经典，爱祖国”为主题，将对伟人的缅怀、对经典的赞颂、对祖国的祝福表达得淋漓尽致。每个班都以 20 世纪初那段红色历史为背景，呈现出形式多样、精彩纷呈的高水准演出。高二年级一大亮点是突破了大合唱的演出形式，将在音乐和戏剧表演选修课上学到的关于音乐剧表演的知识自如地运用到整场演出中。有多个班选择以这种形式抒发对革命经典的热情，歌唱属于自己的红色时代。

【真情流露】

这次艺术节成了全体师生鉴赏雅趣、陶冶雅趣和展现雅趣的舞台，成了全体师生敬仰伟人、歌颂伟人、领略伟人的境地。八一学校的师生们在这个艺术的舞台上，尽情演绎，展现自我，叩响了那颗对艺术深深向往的心扉。

在同学们淋漓尽致地表现艺术主题、传播艺术之美的过程中，同学们的艺术之心被打开了，艺术节的艺术氛围让每个人的心灵都被施予了艺术的养分。同时同学们懂得了，轻歌曼舞、吟诗作画、抚琴弈棋不仅能够修炼一个人的艺术气质和高雅品位，更能提升一个人的思想境界和民族精神。

学子感言

千年雅趣是读书

——C2016 届 2 班　王昌源

有人说，听着古筝曲，沏一杯香茗，时不时地抿一小口，是雅趣；有人说，端坐在咖啡馆棕色沙发上，面前摆一个笔记本、一杯奇苦的高档咖啡，便是雅趣。

大家可能都知道“雅趣”的本质是高雅的情趣，却并不知道，它的内涵是尚美、博识与养性；也并未理解，高雅情趣的养成，只能来源于心灵。一切行为上的表现都是心灵的影子，心灵高雅了，趣味就自然、纯正、高雅了。而心灵的涵养，并不在于外在的虚伪的“故意为之”，它离不开的是书籍的品读。

要知道，读一本好书，就是和许多高尚的人谈话。阅读的最大理由是要摆脱平庸，早一天就多一份人生的精彩，迟一天就多一天平庸的困扰。

著名史学家钱穆先生读书成癖。“寡欲为善，读书静心。”他清晨必读经籍，夜晚读史籍，中间则泛览群书。夏天夜晚，为了防止蚊子的叮咬，钱先生把双脚放在瓮中，坚持苦读，以至于“读之甚勤，至形于梦寐间”。读书不仅给了他知识的营养，而且造就了他心智的顺畅融合。钱先生极爱读书，他读了一辈子的书，但绝不是叶公好龙。德国思想家尼采的《在善恶之彼岸》中说：光着脚板在荆棘上跳舞的人算得上爱跳舞到了家。钱先生也是如此。他 73 岁大病后，身体尚未完全复原，两眼也患目疾，医生不让他过长时间看书，尤禁晚上看书，所以生活较前轻松，然而他白天仍然全日工作，这样直到他的《朱子新学案》一书完成，那是他生命中一大志愿所寄。正是在读书中找到了寄托，在写作中找到了快乐，晚年的钱先生依然创作极为旺盛，完成了一般人无法企及的工作。读书的雅趣造就了钱穆先生的丰盈人生。

博览群书，已成为数千年来人们陶冶心性的共识。优秀的书籍是人类积累下来的精华。开卷有益，反复细读更是回味无穷。初冬之时，窗外的风已经有些凛冽，躲进温暖的书房，那纸上跳动的小精灵在我心里留下了它的温度。腹有诗书气自华，那些或淡雅或澎湃或欢喜或哀伤的文字，像是一缕无形的清风，轻轻地滑过心际，看似如过眼烟云，了无痕迹，实则我们已被书籍潜移默化地影响成了一个高雅的人。是书，这个历经千古却从未落入俗套的雅趣，提高了我们心灵的涵养。

书籍是人类心灵的营养剂。生活里没有书籍，心中就好像没有阳光；没有书籍的智慧，就像鸟儿没有翅膀。图书馆里林林总总的书籍散发着特有的清香，绽放出智慧的光芒。在那里，我们聪颖敏捷，思维活跃；在那里，我们胸襟开阔，豁达晓畅。一本书像一艘船，带领我们从狭隘的地方，驶向生活的无限广阔的海洋。

千年雅趣，无非博古，第一美事，还是读书！

后记

力行活动育人，成就品质人生

“活动育人”是八一学校建校以来始终坚守的教育理念和采取的教育方式，也是古今中外极力推崇的育人形式。在我国，明代思想家、哲学家王阳明提出“知行合一”理论，阐述“知之真切笃实处便是行，行之明觉精察处便是知”的观点。美国实用主义集大成者杜威早在20世纪初就提出了活动课程理论的思想，阐明了“从做中学”的观点，指出“一切教育都是通过个人参与人类的社会意识而进行的”。这个理论的提出对于整个课程发展史具有革命性的意义。具有辩证唯物主义思想的教育家陶行知先生力推“行知行”思想，即“行动—知识—再行动”，这与马克思主义的“实践—理论—再实践”的实践观是完全一致的。今天，中国教育改革也在人才培养模式上提出了“学思结合、知行统一”的具体要求，在素质培养方面提出了“创新精神、实践能力”的关键要素，北京市更是明确将“中小学各学科平均应有不低于10%的课时用于开展校内外综合实践活动课程”的条文写进学科教学改进意见的文件中。这一切都阐明了“实践育人”的重要性和紧迫性。

八一学校通过三年主题教育活动的不断探索与实践，现已基本形成推动品质文化落地、聚焦学生素质培养的活动课程体系，共100余门课程。这里面，既包括必选课程，即全体学生都要参与的活动；也包括任选课程，即让学生自行选择、自主开展的活动。本书精选了47个活动方案，将它们集结成册，希望能够给八一学校的师生一个参考，也给其他学校开展德育教育提供一些启示。

活动课程一览表

品质系列	品质基因	活动名称	活动简介	课程类型
品德	忠诚	永远的军魂	在校园内营造浓厚的部队文化，让每个学生铭记党史、军史、校史	必选
		复兴之路	通过“说、评、展”三种形式，了解中国复兴史	任选
		老区寻根	通过实地走访体验阜平八一校址，唤起对母校发展之路变化的崇敬之情	必选
		走访红色后代	通过聆听红色后代的革命故事，感悟革命情怀，弘扬革命精神	任选
		红色经典大观园	以红色经典艺术作品为内容，以“唱读讲传”为载体，开展丰富多彩的校园文化活动	任选
		追寻红色赶考路	带领同学们同学们重温红色赶考路上那些著名的历史事件，增强他们热爱党、热爱祖国、热爱社会主义的情感	任选
	尊重	我与学长面对面	针对低年级学生提出的各方面问题，高年级学生与学弟学妹进行面对面的交流和沟通	任选
		做学生最好的导师	对责任范围内的学生进行学业辅导和规划、思想引导、心理疏导、生活指导等	任选
	诚信	诚信档案，人生财富	研讨作为一名诚信学生应拥有的诚信行为，进行诚信事项的记录，并对诚信档案进行设计	必选
		三员自主下的精准管理	让学生负责公物、安全、卫生三方面的自主管理工作，让他们感觉到班级资产就是“我们班的财产”	任选
		模拟法庭	通过开展模拟法庭活动，让学生们了解法庭构建和开庭程序，知法、懂法	任选

续表 1

品质系列	品质基因	活动名称	活动简介	课程类型
		法规大讲堂	学生、校友、家长、专家、法律工作者等，通过为学生介绍法律法规常识，畅谈发生在身边的法律故事，让学生知法、懂法、守法	任选
	责任	奔跑吧，青春	采用“校外专家请进来”和“班会大家讲”的方式，以激发年轻学生形成责任心，学会对自己、对他人、对国家负责	必选
		青年责任大讲堂	五四表彰获奖学生组成宣讲团，以“青年的力量”为主题开展“青年责任大讲堂”系列讲座	任选
		爱的奉献	在学校红十字会的带领下，同学们沐浴着南丁格尔的人性光辉，自发组织“爱心募捐滋润心”“关爱生命”“包户服务健康发展”“用爱心点亮希望的灯”等活动	任选
		手拉手责任之旅	通过“走出去、请进来”的形式，发动学生力量，通过课业辅导、活动邀请、赠送资源等方式，帮助贫困儿童踏上求学之路	任选
品行	独立	最炫寒假作业	为不同年级的学生制定个性化的寒假作业，锻炼学生独立自主的生活能力和学习能力	必选
		畅游天下	在假期时间，为不同年段的学生，分主题、分线路地设计丰富多彩的游学活动	任选
	执着	执着六部曲	围绕学生的期中总结，让同学们设定成长信念、制定成长计划	必选
		亚太：执着的诺贝尔	通过搜集、介绍亚太国家最近几年的诺贝尔奖获得者的故事，让学生学习诺贝尔奖获得者对事业追求的执着精神	任选
		寻找校园“最强大脑”	通过让学生参加校园挑战项目，培养学生孜孜不倦的学习态度和持之以恒的学习决心	任选
	勇敢	砺炼一颗勇敢的心	通过校内外严格的军训生活，让学生懂得什么是铁一般的纪律，什么是真正的忍耐，什么是不屈不挠的意志	必选

续表 2

品质系列	品质基因	活动名称	活动简介	课程类型
		我们去哪儿	通过组织学生参加野外定向越野、野外宿营、野外生存技能训练等，提高学生的野外生存能力	任选
		重走抗战路线，致敬抗战老兵	带领学生参观抗战遗迹，让学生铭记革命英雄的革命精神；带领学生慰问老兵、重走抗战之路、参观抗战纪念馆，铭记勇敢的革命英雄，开创美好的新生活	任选
	创新	动静结合的科技盛宴	在科技节上，邀请创新导师进校园，开展科学讲座，同时以科技作品展示、环保竞赛以及跳蚤市场等方式，让学生感受科技魅力	必选
		古生物化石展	将古生物化石请进校园，通过近距离听讲解员的讲解、观看大型纪录片、聆听专家报告等方式，让学生在目睹震撼的冰川化石中领悟科学精神，感受科学魅力	任选
		走进中科院，走近机器人	通过让学生走进中科院，观看机器人的制作过程及聆听导师讲座，了解机器人的发展过程和原理，激发学生的创新潜能	任选
品位	阳光	360°校园足球	建设校园足球课程体系，每个班、每个人都可以根据学校设立的课程和社团进行选择，让学生在奠定足球基础的同时，培养高尚的足球精神	必选
		让鸟儿飞起来	了解鸟类知识，进行爱鸟倡议，通过折叠千纸鹤布置爱鸟走廊，倡议更多的人爱护人类的朋友	任选
		守护绿色地球家园	通过雾霾探究、八一无车日、低碳出行等方式，让学生们加强对大自然和人类社会的热爱，激发学生热爱地球、保护环境的意识	任选
		环保科技铿锵行	组织参观科技类环保公司，体验环保新技术，促使他们形成生态的学习和生活理念、生态的思维方式、生态的意识与情怀、生态的行为和习惯	任选

续表 3

品质系列	品质基因	活动名称	活动简介	课程类型
		镜头中的皇家园林	让同学们全方位了解皇家园林的建筑形式及造园艺术，体会这经典景观的生态之貌，培养他们珍爱景观、保护景观的意识	任选
		景区小医生	让学生用自己的行动美化景区环境，减少环境污染，树立环保理念，践行环保理念	任选
	文明	环境 5S 管理	通过让学生学习环境 5S 管理理论，全面提升学生的学习、生活环境，为师生打造文明舒适的教育教学环境	必选
		正能量手环	让学生用 21 天的时间养成一项良好的行为习惯。能够坚持 21 天的同学，将获得一枚正能量标签，并将这份正能量进行传递	必选
		保护小水滴	围绕世界水日，开展保护水资源的系列活动，发出节水倡议，让全校师生及社会人员引起对中国和世界水资源短缺问题的关注，养成节水、爱水的习惯	任选
		最美的风景叫文明	让同学们通过“文明用餐者”“文明消费者”“文明出行者”的角色体验，帮助学生树立正确的文明观	任选
	开放	把世界带回八一	利用假期时间游走世界，记录下历史、人文、自然、时代等印迹和感悟，与同学们一起分享精彩的世界	必选
		绘图游世界	让学生寻找“游世界”的伙伴，制定“游世界”的方案，制作“游世界”的地图，参加“游世界”的评比，加深对多元文化的认知和理解	任选
		“一带一路”跨学科、跨学段综合实践课程专题研究	结合“一带一路”倡议，将这一时政热点引入课堂，引导学生关注现实，增强家国情怀	任选
		北京私人订制	根据外国游客的旅游愿望为他们私人订制旅游路线，为外国友人当好导游，让他们了解中国旅游文化的魅力	任选

续表 4

品质系列	品质基因	活动名称	活动简介	课程类型
	雅趣	细品国学	让同学们领略中华民族博大精深的传统文化，在品读古诗词、鉴赏佳篇名作的过程中，陶冶文化情操，更深入地学习中华优秀传统文化，建立起强大的民族自信和文化自信	必选
		楹联雅趣	让同学们通过了解伟人毛泽东写下的文采风格独异的对联，提高品位与鉴赏能力，形成良好的文学艺术素养	任选
		发现身边的美	根据小学、初中、高中不同年级对“美”的理解程度的不同，为其设定不同的活动主题，让同学们去寻找身边的艺术	任选
		民族魂·中国梦	每个班级定向负责收集、整理、策划和设计一个民族的风土人情、自然风光、饮食文化等，全面地了解少数民族的民族文化，强化民族精神	任选
		书法笔会	通过开展不同主题的“书法笔会”，让同学们感受书法艺术与人文情感的相互交织，增长灵性，激发灵感	任选
		最美歌剧	通过开展歌剧主题讲座、歌剧观摩活动、歌剧编演活动，让同学们深入理解歌剧这种艺术形式的特点，培养他们对歌剧的热爱之心，涵养自身的雅趣	任选

“且思且行”，代表先思考再行动，是建构一个从“顶层设计”再到“系统配套”的管理逻辑。“且思且行”，诠释“读万卷书、行万里路”，是遵循一种“知行合一”的成长逻辑。“且思且行”，界定战略与战术的辩证关系，是阐释一种“以发展理念转变引领发展方式转变”的发展逻辑。

蔡元培先生曾说：“教育者，非为已往，非为现在，而专为将来。”鉴于此，八一学校将始终把“面向现代化、面向世界、面向未来”作为行动指南，在未来的教育中，继续探索活动课程的新主题、新内容和新形式，与学生生活紧密关联，与现实社会有效碰撞，与未来世界高度对接，在丰富多彩的综合活动中培育和践行社会主义核心价值观，培养学生的社会责任感、创新精神和实践能力，塑造八一学子的十二品质基因，实现“造就品德好、品行优、品位高的国际创新人才”的育人目标，肩负起“培养具有中国精神的品质公民”的办学使命。

战国时期著名的思想家、教育家墨子，根据认识的来源把知识分为“亲知”“闻知”和“说知”三种，把“亲知”放在首位，说明直接经验比间接经验更重要，把“说知”放在最后，说明学以致用更重要。因此，教育不能仅仅关注“闻知”，要加强前端的“亲知”，让学生加强体验、开展自主学习；更要强化后端的“说知”，在运用中培养学生的创新精神和实践能力。

应当把三年品质基因活动的总结看作是一次新的起点、新的征程，因为环境总在变化、社会总在发展、人类总在进步，活动更需与时代同步、与品质同行，让学生在一个个鲜活的活动中成长，为未来做好最佳准备。

让品质文化因八一故事而震撼，让活动课程因八一故事而生动，也让八一学子因八一故事而精彩！